全国干部学习培训教材
QUANGUO GANBU XUEXI PEIXUN JIAOCAI

全面建成小康社会与中国梦

全国干部培训教材编审指导委员会组织编写

人民出版社
党建读物出版社

序 言

面对复杂严峻的国际形势，面对艰巨繁重的改革发展稳定任务，想一帆风顺推进我们的事业是不可能的。可以预见，前进道路上，来自各方面的困难、风险、挑战肯定会不断出现，关键看我们有没有克服它们、战胜它们、驾驭它们的本领。全党同志特别是各级领导干部要有本领不够的危机感，以时不我待的精神，一刻不停增强本领。只有全党本领不断增强了，"两个一百年"奋斗目标才能实现，中华民族伟大复兴的中国梦才能梦想成真。

好学才能上进，好学才有本领。中国共产党人依靠学习走到今天，也必然要依靠学习走向未来。各级领导干部要勤于学、敏于思，坚持博学之、审问之、慎思之、明辨之、笃行之，以学益智，以学修身，以学增才。要努力学习各方面知识，努力在实践中增加才干，加快知识更新，优化知识结构，拓宽眼界和视野，着力避免陷入少知而迷、不知而盲、无知而乱的困境，着力克服本领不足、本领恐慌、本领落后的问题。

各地区各部门各单位要认真组织干部学好用好这批教材，帮助广大干部深入学习领会党的十八大和十八届三中、四中全会精神，深入学习贯彻党中央的战略部署和工作要求，不断增强中国特色社会主义道路自信、理论自信、制度自信，不断提高知识化、专业化水平，不断提高履职尽责的素质和能力。

2015 年 1 月 18 日

目　录

实现中华民族伟大复兴的中国梦

2012 年 11 月 29 日，习近平率中共中央政治局常委到国家博物馆参观《复兴之路》基本陈列。他在讲话中指出，实现中华民族伟大复兴，就是中华民族近代以来最伟大的梦想。这个梦想，凝聚了几代中国人的夙愿，体现了中华民族和中国人民的整体利益，是每一个中华儿女的共同期盼。中国梦，遵从的是"国家好，民族好，大家才会好"的历史逻辑，基本内涵是实现国家富强、民族振兴、人民幸福，核心内涵是中华民族伟大复兴。中国梦的实现就是要让全体人民共同享有人生出彩的机会，共同享有梦想成真的机会，共同享有同祖国和时代一起成长与进步的机会。理解中国梦，既要有历史的回望、现实的观照，也要有未来的视角、国际的视野。

第一节　争取民族独立和人民解放的斗争

梦想贯通历史，梦想引领未来。中华民族"百年梦想"的曲折起点，源自近代以来灾难深重的中华儿女为寻求独立自主和民族解放的艰辛探索。中国是一个历史悠久的多民族国家。中华民族屹立于世界民族之林，创造了五千多年绵延不绝的文明历史，为世界文明的发展作出了卓越贡献。然而，近代以来，由于封建制度的腐朽没落，西方列强的侵略掠夺，中国逐步陷入半殖民地半封建社会的黑暗深渊，被世界快速发展的浪潮甩在了后面。中国人民也由此开始救亡图存，前赴后继地展开了波澜壮阔的争取民族独立和人民解放的斗争。

❖ 一、旧中国山河破碎的噩梦

自鸦片战争以来，素以"天朝上国"自居的清王朝在帝国主义列强频频发动的侵略战争面前一败再败，中华民族面临"国破家亡，四分五裂"的严峻挑战，更与"天下太平，万物安宁"的"盛世之梦"渐行渐远。

社会制度衰败。清朝是中国最后一个封建王朝，君主专制发展到顶点，封建制度在登峰造极后跌落谷底。特别是 17 世纪中叶之后，西方列国在资产阶级革命和工业革命的双重助推下实现了国家崛起。清朝统治者把西方的先进科技斥为"奇技淫巧"，自身的经济制度、政治制度、军事制度等全面滞后，却仍然骄矜奢靡、冥顽不化。正如马克思在《鸦片贸易史》中所指出："一个人口几乎占人类三分之一的大帝国，不顾时势，安于现状，人为地隔绝于世并因此竭力以天朝尽善尽美的幻想自欺。这样一个帝国注定最后要在一场殊死的决斗中被打垮。"[1] 在第一次鸦片战争中，一个拥有 4 亿人口的泱泱大国竟败于英国一支不足两万人的军队，"闭关锁国"的清

---

[1] 《马克思恩格斯文集》第 2 卷，人民出版社 2009 年版，第 632 页。

王朝终被列强以坚船利炮打开了国门。毛泽东把鸦片战争及其以后一百年间中国对外战争的失败归结为两个原因：一是社会制度腐败；二是经济技术落后。经济技术落后主要是因为落后的生产关系束缚了生产力，落后的社会制度扼杀了创造活力。在这种积贫积弱的情况下，丧权辱国的军事和外交失败一次又一次深深触痛国人，"四万万人齐下泪，天涯何处是神州"的梦魇笼罩在中华大地。

统治阶层腐朽。清朝后期政治日渐腐败，封建统治的腐朽没落，使得中国社会危机日甚一日，灾难日益深重。官场中，结党营私、相互倾轧、卖官鬻爵、贿赂成风；军队里，装备陈旧、操练不勤、营务废弛、纪律败坏；财政上，国库日益亏空、入不敷出。1895年，中国民主革命的先行者孙中山在《香港兴中会章程》中指出："政治不修，纲维败坏"，"鬻爵卖官，公行贿赂"，"盗贼横行，饥馑交集，哀鸿遍野，民不聊生"。据统计，1902年至1911年间，各地民变达1300多次。清政府逐渐沦为"洋人的朝廷"，奉行"量中华之物力，结与国之欢心"，"宁予友邦，不予家奴"，就像是"一座即将倒塌的房屋，整个结构已从根本上彻底地腐朽了"。当时的中国，山河破碎、战乱频仍，人民饥寒交迫、备受蹂躏，即使怀有这样或那样的梦想与追求，在生存难济的情况下，也是遥不可及的。

西方列强侵凌。晚清以来，世界资本主义进入帝国主义阶段，西方列强对中国加紧军事侵略、资本输出、经济掠夺和文化渗透。正如列宁所指出："资本主义如果不经常扩大其统治范围，如果不开发新的地方并把非资本主义的古老国家卷入世界经济的漩涡，它就不能存在与发展。"[①] 从鸦片战争至辛亥革命的70年间，中国平

---

① 《列宁选集》第1卷，人民出版社1995年版，第232页。

均每隔 10 年就要遭受一次侵略战争的蹂躏,帝国主义列强强迫中国签订了一系列不平等条约。"长夜难明赤县天,百年魔怪舞翩跹。"根据这些不平等条约,香港岛被割给了英国,台湾、澎湖列岛及附属岛屿被割给了日本,东北和西北边疆地区的 150 多万平方公里领土被割给了沙皇俄国。中国还被迫付出巨额赔款。据统计,这期间的主要赔款有 8 次,连本付息的金额达 13 亿两白银,相当于清政府 1901 年财政收入的 11 倍。其中,通过《马关条约》,日本从中国勒索赔款 2.3 亿两白银,相当于当时日本三年半的财政收入。西方列强还在中国攫取了领事裁判权、关税协定权、内河航行权、租借权、驻军权等政治、经济、军事特权,在"瓜分豆剖"中使中国陷于"国将不国"的危机境地。正如习近平所说,每个中国人想起那段历史都会感到心痛。

梦想照亮追求之路,梦想映射时代之光。存亡之秋,国难当头,救亡图存,变革社会,必然成为不可阻挡的历史趋向,成为仁人志士的不屈梦想。

✧ 二、旧民主主义革命的幻梦

1840—1919 年被称为旧民主主义革命时期,中国从独立的封建国家滑向半殖民地半封建化的深渊。为了挽救空前的民族危机和社会危机,中国人民进行了不屈不挠的英勇斗争,无数仁人志士苦苦探索救国救民的道路,无不以梦碎和失败告终。事实证明,旧式的农民战争,不触动封建根基的自强运动和维新变法,资产阶级革命派领导的民主革命,都不能为民族复兴找到真正的出路。正如毛泽东所指出:"在一个半殖民地的、半封建的、分裂的中国里,要想发展工业，建设国防，福利人民，求得国家的富强，多少年来多少人做过这种梦，但是一概幻灭了。"① 尽管这些旧式"梦想家"都在寻求强国富民之梦，尽管他们的"寻梦"路径、"圆梦"方式不同，但都没有找到一条适合中国国情的革命道路。

农民起义的"天国梦"幻灭。近代中国的农民阶级生活在社会的最底层，受到的压迫和剥削最为深重。他们在 19 世纪下半叶进行了较大规模的抗争。比如太平天国起义，洪秀全试图建立一个"有田同耕，有饭同食，有衣同穿，有钱同使，无处不均匀，无人不饱暖"的理想社会。然而，正如马克思在了解太平天国运动后所深刻指出的："中国，这块活的化石……社会基础停滞不动，而夺得政治上层建筑的人物和种族却不断更迭"，"除了改朝换代以外，他们不知道自己负有什么使命"。② 这种抗争虽然显示了中国人民反抗外国侵略和封建专制统治的巨大力量，但由于农民阶级自身的局限性，没有也不可能形成领导反帝反封建斗争胜利的革命理想和斗争方略，最终难以逃脱被帝国主义和中国封建势力联合剿灭的命运。

改良人士的"立宪梦"失败。西方列强对中国的经济侵略和封建统治阶级推行的洋务运动，在客观上刺激了中国近代资本主义的发展，逐渐形成了中国的官僚资产阶级和民族资产阶级，并催生了资产阶级的政治要求。其中的上层代表人物主张用改良的办法与清廷"开明人士"合作，通过"采西学""制洋器"来"自强""求富"，同时借封建专制的外壳来推行资本主义制度。1898 年 6 月至9 月，以康有为、梁启超为代表的资产阶级改良派，通过光绪皇帝进行了 103 天的戊戌变法：在政治上主张实行君主立宪；在经济上

---

① 《毛泽东选集》第三卷，人民出版社 1991 年版，第 1080 页。
② 《马克思恩格斯论中国》，人民出版社 1993 年版，第 112 页。

主张保护、奖励农工商业和交通采矿业，提倡开办实业，注重农业生产等；在文化教育上提倡西学，创设京师大学堂，主张翻译外国书籍、废除八股、奖励创办报刊、准许自由组织学会。变法最终遭到以慈禧为代表的顽固派残酷镇压，谭嗣同等戊戌六君子抱着"有心杀贼，无力回天"的遗恨血洒京城。血的教训告诉人们，用君主立宪之道将封建制度和平过渡到资本主义，在中国行不通。

西方民主的"共和梦"破产。随着中国资本主义经济基础的增强，中国民族资产阶级的中下层在政治上逐渐成熟起来，并产生了资产阶级革命派。他们主张以革命彻底推翻帝制，走上了与维新、改良不同的道路。从兴中会到中国同盟会，首次喊出"振兴中华"的时代强音，孙中山提出"民族、民权、民生"的"三民主义"革命纲领。中国同盟会成立后，积极发展组织，宣传革命理想，筹备发动起义。在其推动和精神引领下，辛亥革命爆发，中华民国宣告成立，统治中国268年的清王朝土崩瓦解，延续几千年的封建专制终结，中国历史揭开新页。然而，以孙中山为首的南京临时政府仅存在了三个月，政权便被以袁世凯为代表的北洋军阀政府所窃取。资产阶级革命派以为实行西方的民主共和制，列强就会帮助他们把中国建成独立的资产阶级国家，即"十年二十年之后，不难举西方人之文明而尽有之，即或胜之焉"。残酷的现实把他们的幻想击得粉碎。热衷鼓吹西方民主的宋教仁幻想议会政治"不五年间，当有可观，十年以后，则国基确定，富强可期，东亚天地，永保和平"，不料自己却被袁世凯派人暗杀惨死。正如毛泽东后来所总结的："中国人被迫从帝国主义的老家即西方资产阶级革命时代的武器库中学来了进化论、天赋人权论和资产阶级共和国等项思想武器和政治方案，组织过政党，举行过革命，以为可以外御列强，内建民国。但是这些东西也和封建主义的思想武器一样，软弱得很，又是抵不住，败下阵来，宣告破产了。"①

 **延伸阅读**

孙中山的《建国方略》

《建国方略》是孙中山于 1917 年至 1920 年所著三本书——《孙文学说》《实业计划》《民权初步》的合称。《孙文学说》从心理建设角度论述"知难行易"的哲学思想。《实业计划》是一份全面快速进行经济建设的宏伟纲领，提出了发展中国经济的远景规划，包括建设铁路十万多公里，建设华北、华中、华南三大世界级港口和三峡大坝等项目。《民权初步》是《建国方略》的社会建设部分，是一部关于民主政治建设的论著，叙述了政府的组织、运作和普通大众在社会生活中应把握的具体民主原则、程序和方法。

孙中山在辛亥革命后陆续提出许多建国设想，如中国应建造可与纽约港媲美的海港，在长江建造大坝，修建覆盖全国的铁路网……这些设想当时听起来遥不可及，他也被讥称为"孙大炮"。但在 2006 年 4 月 24 日，中国国民党荣誉主席连战站在上海洋山深水港码头上感慨不已："你们的工作很了不起，实现了中山先生建

---

① 《毛泽东选集》第四卷，人民出版社 1991 年版，第 1514 页。

设东方大港的遗愿。"历史雄辩地证明，近代民主革命先行者的"救
国梦""建国梦"，最终要靠中国共产党人实现和超越！

✧ 三、新民主主义革命的胜利

　　打破旧世界，建立新中国——这是无数仁人志士前赴后继的革
命理想，但它只有在中国共产党登上历史舞台、由共产党人接过民
族解放的大旗后，才能成为现实。毛泽东深刻指出："帝国主义的
侵略打破了中国人学西方的迷梦"[①]，"这是好消息，这种幼稚的梦
的幻灭，正是中国富强的起点"[②]。在逐渐成熟的中国共产党的领导
下，中国人民历经国共合作的北伐战争、土地革命战争、抗日战争
和解放战争等时期的艰苦奋斗，取得了新民主主义革命的胜利，使
中华民族焕然一新地站上了复兴的起跑线。正如同盟会早期会员
吴玉章所说："革命有希望，中国不会亡，要改变过去的革命的方
法。"之所以革命能够"梦想成真"，关键是找到了"开天辟地"的
新思路、新方法。

　　坚强有力的领导核心。中国旧民主主义革命之所以失败，就是
因为没有一个像中国共产党这样作为中国工人阶级先锋队的坚强领
导。在马克思列宁主义与中国工人运动的结合过程中，1921 年中
国共产党诞生了。在新民主主义革命中，中国共产党为中国人民指
明了斗争的目标，在长期斗争的实践中找到了使革命走向胜利的道
路，把被视为"一盘散沙"的中国人民团结和凝聚成万众一心的伟
大力量。在中国大革命失败的危急时刻，中国共产党毅然举起武装

---

① 《毛泽东选集》第四卷，人民出版社 1991 年版，第 1470 页。
② 《毛泽东选集》第三卷，人民出版社 1991 年版，第 1080 页。

斗争的旗帜，领导创建了一支新型的人民军队，并在革命战争中越战越强。在"保田参军"等口号激励下，解放区大批青壮年农民踊跃参加人民军队，广大翻身农民倾其所有将粮食、鞋被等物资送上前线，推着小车随军行动。陈毅曾指出：淮海战役的胜利是用小车推出来的。在中国共产党的领导下，尽管中国人民的革命斗争也经历过重重挫折，走了许多弯路，但最终取得了伟大胜利。

科学正确的指导思想。林伯渠曾指出："辛亥革命前觉得只要把帝制推翻便可以天下太平，革命以后经过多少挫折，自己所追求的民主还是那样的遥远，于是慢慢地从痛苦经验中，发现了此路不通，终于走上了共产主义的道路。这不仅仅是一个人的经验，在革命的队伍里是不缺少这样的人的。"从鸦片战争到五四运动近八十年的时间里，中国人民的反抗斗争从来没有停止过。俄国十月革命胜利后，特别是 1919 年中国伟大的五四爱国运动爆发后，马克思主义开始为中国先进知识分子所接受，并在中国进步思想界和工人群众中迅速传播开来，中国人民有了新的思想武器。中国共产党成立后，以毛泽东为主要代表的中国共产党人，把马克思列宁主义的基本原理同中国革命的具体实践结合起来，创立了毛泽东思想。毛泽东思想是马克思主义普遍真理同中国革命实际相结合的产物，是马克思列宁主义在中国的运用和发展，是被实践证明了的关于中国革命和建设的正确的理论原则和经验总结，是中国共产党集体智慧的结晶。没有毛泽东思想的正确指引，就不会有中国革命的胜利。

独立自主的革命道路。在中国这样一个半殖民地半封建、经济文化极其落后的东方大国，无产阶级政党如何进行革命，马克思主义经典著作没有现成答案，也没有可套用的别国现成经验。中国共产党从成立之日起，领导全国各族人民踏上争取民族独立、人民解放的征程，探索了与辛亥革命开辟的民主革命道路不同的，由无产阶级领导的人民大众反对帝国主义、封建主义和官僚资本主义的新民主主义革命道路。中国共产党从中国的历史状况和社会状况出发，带领各族人民浴血奋战，通过武装斗争开辟了以农村包围城市，最后夺取全国胜利的革命道路。新民主主义革命的胜利，从根本上改变了中国人民和中华民族的前途命运，彻底结束了近代中国半殖民地半封建社会的历史，实现了几代中国人梦寐以求的民族独立和人民解放。

广泛团结的统一战线。中国新民主主义革命的对象是极其残暴和凶恶的，同时无产阶级和地主大资产阶级都只占人口的少数，最广大的群众是农民、城市小资产阶级以及其他中间阶级。因此，无产阶级如要取得革命的胜利，必须争取和联合广大的中间阶级。中国共产党坚持在革命统一战线中以无产阶级为领导、以工农联盟为基础的原则，在反帝反封建的旗帜下，把全国各民族和各阶层人民紧密团结在自己周围，历尽千辛万苦，战胜艰难险阻，最终推翻了压在人民头上的"三座大山"，取得了新民主主义革命的胜利。1948 年 4 月 30 日，中国共产党发出"五一口号"，提出"各民主党派、各人民团体、各社会贤达迅速召开政治协商会议，讨论并实现召集人民代表大会，成立民主联合政府"等主张，引起了强烈反响。当时在香港的中国国民党革命委员会、中国民主同盟、中国民主促进会等 12 个民主党派和无党派人士，于 5 月 5 日联名通电表示完全赞同中国共产党的主张，认为"五一口号""适合人民时势之要求，尤符同人等之本旨"。这为中国共产党领导的多党合作和政治协商制度的形成奠定了基础。

艰难困苦，玉汝于成。在新民主主义革命胜利的基础上，人民民主专政的新中国成立了。毛泽东在中国人民政治协商会议第一届全体会议上庄严宣告:"占人类总数四分之一的中国人从此站立起来了。"① 这一划时代的伟大事件,意味着我们的民族再也不是一个被人欺辱的民族,标志着中华民族一百多年来争取民族独立和人民解放斗争的重大胜利。

 **延伸阅读**

开 国 大 典

1949 年 10 月 1 日下午 2 时,中国人民政治协商会议第一届全体会议选举产生的中央人民政府委员会在北京中南海勤政殿举行第一次会议,一致决议宣布中华人民共和国中央人民政府成立,接受《中国人民政治协商会议共同纲领》为施政方针。会议结束后,中央人民政府主席、副主席及各位委员前往天安门城楼出席开国大典。下午 3 时,中央人民政府委员会秘书长林伯渠宣布中央人民政府成立典礼开始。在群众的欢呼声中,毛泽东向全世界庄严宣告:"中华人民共和国中央人民政府今天成立了!"顿时,广场上欢声雷动,群情激昂。在《义勇军进行曲》的雄壮旋律中,毛泽东按动电钮,新中国第一面五星红旗冉冉升起。中华人民共和国的成立,开始了在中国共产党领导下人民当家作主的历史新纪元。

---

① 《毛泽东文集》第五卷,人民出版社 1996 年版,第 343 页。

第二节　建设社会主义新中国的初步探索

百年梦想曙光初现，是因为一个社会主义的新中国屹立在世界东方。马克思主义将社会主义由空想变成科学，展现出人类社会发展的光明前景；中国共产党将社会主义新中国由梦想变成现实，开启了中华民族历史发展的新路径，谱写了中华民族伟大复兴的新篇章。如果说，新中国成立之前一百多年的奋斗目标是民族独立和人民解放，那么，从新中国诞生直至新中国成立一百年的奋斗目标则是国家富强、民族振兴、人民幸福。

◇　一、向社会主义社会过渡

人民政权建立之后，中国发展向何处去的问题，鲜明地摆在了中国共产党和中国人民面前。在中国共产党的领导下，从 1949 年新中国成立到 1956 年基本完成社会主义改造，中国相继实现了从半殖民地半封建的旧社会到民族独立、人民当家作主的新社会，从新民主主义到社会主义的历史性转变，为薪火相传的"百年梦想"注入了强大的生机和活力。

巩固新生人民政权。新中国成立后的头三年，党领导全国各族人民，一方面肃清国民党反动派在大陆残余的武装力量，剿匪反霸，镇压反革命，召开地方各级人民代表会议，建立各级人民政权，健全人民民主专政的国家制度。另一方面，没收官僚资本企业，接收帝国主义在华资产，完成新解放区的土地制度改革，发展新民主主义经济。开展了反贪污、反浪费、反官僚主义的"三反"

运动，和打退资产阶级进攻的反行贿、反偷税漏税、反盗骗国家财产、反偷工减料、反盗窃国家经济情报的"五反"运动。在胜利完成繁重的社会改革任务和进行抗美援朝战争的同时，到 1952 年年底，全国工农业生产达到历史最高水平，全面恢复了遭到严重破坏的国民经济，为开展有计划的经济建设和社会主义改造准备了条件。毛泽东在阐述新民主主义革命理论时，曾经形象地把新民主主义革命和社会主义革命比喻为文章的上下篇："两篇文章，上篇与下篇，只有上篇做好，下篇才能做好。"① 随着国民经济的恢复和新生政权的巩固，中国共产党开始做"下篇"的大文章。

完成社会主义改造。1953 年，中共中央按照毛泽东的建议，提出党在过渡时期的总路线：要在一个相当长的时期内，逐步实现国家的社会主义工业化，并逐步实现国家对农业、手工业和资本主义工商业的社会主义改造。以过渡时期总路线为指针，中国开始实行有计划的经济建设和对生产资料私有制的社会主义改造，同时加强民主与法制建设，确立人民代表大会制度这一根本政治制度，制定和实施《中华人民共和国宪法》，推进教育科学文化建设和国防现代化建设。在这期间，鞍钢、包钢和武钢先后开工；中国第一个汽车制造厂建成投产，第一个飞机制造厂试制成功第一架喷气式飞机，第一座长江大桥开始修建；在"世界屋脊"青藏高原上修建的康藏、青藏、新藏公路相继建成通车；交通运输业、轻工业、农业、商业及文化教育等事业得到相应发展，人民生活得到了较大改善。到 1956 年，我国第一个五年计划的工业建设进展顺利，对农业、手工业和资本主义工商业的社会主义改造基本完成，

---

① 《毛泽东选集》第一卷，人民出版社 1991 年版，第 276 页。

促进了整个国民经济的发展。从 1953 年到 1956 年，全国工业总产值年均递增 19.6%，农业总产值年均递增 4.8%。通过对农业、手工业和资本主义工商业的改造，党创造性地开辟了适合中国特点的社会主义改造的道路，使中国这个占世界 1/4 人口的东方大国进入了社会主义社会，成功实现了中国历史上最深刻最伟大的社会变革，社会主义制度在我国基本确立。

星移斗转，沧桑巨变。向社会主义社会的成功过渡和全面改造，开辟了我们党领导人民进行社会主义建设的伟大征程。由此，社会主义基本制度在我国建立起来，在从新民主主义到社会主义的历史性转变之中，国富民强的美好梦想无比清晰地浮现在中华儿女的面前。

◇ 二、为社会主义建设探路

从 1956 年党的八大到 1966 年"文化大革命"前的十年，是党领导全国各族人民开始全面建设社会主义的十年，也是党对中国自己的社会主义建设道路进行艰辛探索的十年。此后，一直到 1978 年，我们党领导人民进行社会主义建设的探索历经艰辛坎坷，经验教训弥足珍贵。

探索中国的社会主义建设道路。社会主义基本制度确立后，如何在中国建设社会主义，是党面临的新课题。1956 年，毛泽东发表《论十大关系》，提出要以苏联的经验教训为鉴戒，把马克思列宁主义基本原理同中国实际进行第二次结合，找出在中国进行社会主义革命和建设的正确道路。党的八大在正确分析国内主要矛盾变化的基础上提出，全国人民的主要任务是集中力量发展社会生产力，实现国家工业化，逐步满足人民日益增长的物质和文化需要。1957 年，毛泽东发表《关于正确处理人民内部矛盾的问题》，深刻分析了社会主义社会的基本矛盾，强调要以正确处理人民内部矛盾作为国家政治生活的主题。这都是党在探索建设社会主义道路过程中，形成的正确理论观点、方针政策和实践经验，具有长远的指导意义。但是，由于当时党对于全面建设社会主义的思想准备不足，党的八大提出的路线和许多正确意见没有能够在实践中坚持下去。

建构国民经济体系框架。在 1956 年基本完成社会主义改造基础上，1957 年超额完成了第一个国民经济建设五年计划。经济发展较快，各重要经济部门之间的比例较协调，经济效益较好，市场繁荣，物价稳定，人民生活普遍得到改善。这表明，中国已在由落后农业国转变为先进工业国的道路上跨出具有决定意义的一步。此后的 20 年间，经过全国人民的艰苦奋斗，初步建成了独立的比较完整的工业体系和国民经济体系，发展了钢铁、机械、化工、煤炭、电力、石油、轻纺等传统工业，建立了汽车、飞机、电子、原子能、宇航、石油化工、合成材料、自动化仪表仪器等新兴工业。《关于建国以来党的若干历史问题的决议》指出："我们现在赖以进行现代化建设的物质技术基础，很大一部分是这个期间建设起来的。"

提出"四个现代化"目标。在建设社会主义的道路上，我们党进行了成功探索，积累了许多经验，也出现了曲折失误。在经历了 1957 年反右派斗争扩大化、1958 年"大跃进"、1959 年所谓"反右倾"斗争等曲折之后，党和国家于 1962 年开始集中全力调整国民经济。1962 年下半年到 1965 年，国民经济稳步增长，社会呈现欣欣向荣景象。1963 年至 1965 年，全民所有制工业企业全员劳动生产率，分别比上年提高了 26.7%、20.1%、22.5%。在国家财力尚有困难的情况下，1963 年给 40% 的职工提高工资，调动了广大职工的积极性。1965 年，全国粮食总产量达到 3890.5 亿斤，棉花 4195 万担，油料 7250 万担，其主要产量指标均恢复到或超过了 1957 年。按可比价格计算，1965 年全国工农业总产值同 1957 年相比增长了 59.9%。1963 年至 1965 年的三年，财政收入超过支出累计达 10.2 亿元。1965 年城乡人民重要消费品的消费水平与 1962 年相比也有了较大提高。以原子弹研制为核心的国防尖端科技取得突破性进展。一些重要的技术发明和创造，处在当时国际领先水平。1964 年年底举行的三届全国人大一次会议，向全国人民提出建设"四个现代化"的伟大目标，极大地激发了亿万人民建设社会主义国家的奋斗热情。正如党的十八大所指出："党在社会主义建设中取得的独创性理论成果和巨大成就，为新的历史时期开创中国特色社会主义提供了宝贵经验、理论准备、物质基础。"

📚 延伸阅读

"四个现代化"与"三步走"的战略部署

1964 年 12 月，三届全国人大一次会议根据中共中央建议，首次明确提出"要在不太长的历史时期内"，把中国建设成为一个具有现代农业、现代工业、现代国防和现代科学技术的社会主义强国，并提出了"两步走"设想：第一步，建立一个独立的比较完整的工业体系和国民经济体系；第二步，全面实现农业、工业、国防和科学技术的现代化。1975 年 1 月，四届全国人大一次会议重申了实

▲ 1966 年，中国第一座自动化纯氧顶吹转炉车间在上海建成　　　　（新华社发）

现"四个现代化"的目标，并提出到 1980 年和 20 世纪末分别实现第一步和第二步发展目标。

在改革开放的新时期，邓小平从中国正处在社会主义初级阶段的实际出发，逐步形成了实现社会主义现代化"三步走"的战略部署：第一步，到 1990 年实现国民生产总值比 1980 年翻一番，解决人民的温饱问题；第二步，到 20 世纪末，使国民生产总值再增长一倍，人民生活达到小康水平；第三步，到 21 世纪中叶，人均国民生产总值达到中等发达国家水平，人民生活比较富裕，基本实现现代化。

历史充分表明，尽管在实现中国梦的征程中，我们党会遭遇这样那样的挫折，但却具有纠正错误、实现调整、自我革新的强大能力。这一点，在正确借鉴苏联的经验教训和坚决纠正"文化大革命"的错误这两件事上尤为突出，充分显示出我们党掌握自己前途命运的政治智慧和治理能力。1956年苏共二十大全盘否定斯大林，在打破了对苏联迷信的同时也造成严重的思想混乱。毛泽东明确提出要"以苏为鉴"，探索中国自己的社会主义建设道路。此后，尽管发生了"文化大革命"这一全局性的、长时间的严重错误，但正如邓小平所指出："过去的成功是我们的财富，过去的错误也是我们的财富。我们根本否定'文化大革命'，但应该说'文化大革命'也有一'功'，它提供了反面教训。没有'文化大革命'的教训，就不可能制定十一届三中全会以来的思想、政治、组织路线和一系列政策。"[1] 正是在科学总结国际、国内正反两方面经验教训的基础上，我们党走上了改革开放的新征程。

第三节　推进中国特色社会主义的新征程

百年梦想插上腾飞的翅膀，是因为中国共产党领导中国人民作出了改革开放的关键抉择，开辟了中国特色社会主义的宽广道路。党的十一届三中全会实现了新中国成立以来我们党历史上具有深远意义的伟大转折，开启了改革开放的新时期。从此，党领导全国各族人民在新的历史条件下开始了中国特色社会主义的理论与实践探索，使中国人民的面貌、社会主义中国的面貌、中国共产党的面貌发生了历史性的变化，中华民族从没有像今天这样对实现伟大复兴的"中国梦"满怀信心和无限憧憬。

---

[1]　《邓小平文选》第三卷，人民出版社1993年版，第272页。

❖　一、改革开放是一场新的伟大革命

新中国社会主义改造基本完成后建立起来的过分单一的社会主义公有制和高度集中的计划经济体制，在当时的历史条件下发挥了重要作用，但随着实践的发展，其严重的弊端逐渐突出地显现出来。正如邓小平所说："改革是中国的第二次革命。"[①] 改变国家和民族命运的答案只有一个：改革。这是人民的期盼、梦想的召唤，也是历史的选择、正确的道路。

拨乱反正，思想重回正轨。"文化大革命"结束后，"中国向何处去"成为摆在中国人民面前头等重要的问题。1978 年，一批干部和理论工作者挣脱"两个凡是"的束缚，就真理标准问题展开了讨论。在邓小平等一批老一辈革命家的支持和领导下，这场讨论迅速冲破层层阻力，形成一股要求解放思想、实事求是的历史潮流，从而推动了各方面的拨乱反正，为实现党和国家的历史性转变奠定了思想基础。尤为引人注目的是：经济领域在纠正"左"倾错误影响、贯彻按劳分配原则方面，实施了一系列曾被错误批判的措施；农村政策的拨乱反正，则酝酿着农业经营方式的重大变革。

📖 **延伸阅读** ……………………………………………………

实践是检验真理的唯一标准

1978 年 5 月 10 日，中央党校《理论动态》发表了《实践是检验真理的唯一标准》一文。11 日，此文以《光明日

[①] 《邓小平文选》第三卷，人民出版社 1993 年版，第 113 页。

▲ 刊有《实践是检验真理的唯一标准》文章的《光明日报》和修改过的清样　　（新华社发）

报》特约评论员署名文章发表。当日，新华社转发了这篇文章。12日，《人民日报》和《解放军报》同时转载。文章论述了马克思列宁主义的实践第一的观点，正确地指出任何理论都要接受实践的考验。马克思主义理论并不是一堆僵死不变的教条，要在实践中不断增加新的内容。这篇文章引发了关于实践是检验真理的唯一标准问题的讨论。党内外绝大多数人支持和拥护文章的观点。这一讨论也受到邓小平、叶剑英、李先念、陈云等的积极支持，讨论在全国逐步开展。从6月到11月，中央党政军各部门，全国绝大多数省、自治区、直辖市和大军区的主要负责同志都发表文章或讲话，认为坚持实践是检验真理的唯一标准这一马克思主义原则具有重大的现实意义。这一讨论为党的十一届三中全会的召开准备了思想条件。

历史转折，国家重返正途。党的十一届三中全会是在党和国家面临向何处去的重大历史关头召开的。全会全面认真纠正"文化大革命"及其以前的"左"倾错误，坚决批判了"两个凡是"的错误方针，充分肯定了必须完整、准确地掌握毛泽东思想的科学体系，高度评价了关于真理标准问题的讨论，确定了解放思想、开动脑筋、实事求是、团结一致向前看的指导方针，果断停止使用"以阶级斗争为纲"的口号，作出了把党和国家工作中心转移到经济建设上来、实行改革开放的历史性决策，从而实现了党和国家的历史性转折。胡锦涛指出："党的十一届三中全会标志着我们党重新确立了马克思主义的思想路线、政治路线、组织路线，标志着中国共产党人在新的时代条件下的伟大觉醒，显示了我们党顺应时代潮流和人民愿望、勇敢开辟建设社会主义新路的坚强决心。"以其为光辉起点，中国共产党终于从严重挫折中重新奋起，带领中国人民在新的历史条件下开启了新的伟大革命。党的十一届六中全会作出的《关于建国以来党的若干历史问题的决议》解决了科学评价毛泽东的历史地位和毛泽东思想的科学体系、根据新的实际和发展要求确立中国社会主义现代化建设的正确道路这样两个相互联系的重大历史课题，彻底否定了"文化大革命"的错误实践和理论，坚决顶住否定毛泽东和毛泽东思想的错误思潮，为党和国家发展确定了正确方向。

正确的理论被群众掌握，必将激发出无比巨大的行动力量。伟大的梦想被时代唤醒，必将凝聚起改革创新的无穷智慧。中国再出发，梦想在召唤，中国特色社会主义的时代列车进入到改革开放的快车道。

◇　二、发展才是硬道理

一个以发展为主题、以改革开放为鲜明特点的历史新时期跃然于世，社会主义中国将在这"第二次革命"中逐步告别积贫积弱和落后挨打，稳步走向繁荣进步和稳定和谐，为迎来中华民族伟大复兴的中国梦奠定新基。

坚持以经济建设为中心。从 20 世纪 50 年代到 70 年代，在新科技革命的推动下，发达资本主义国家与中国周边国家和地区的经济出现一个迅速发展的时期，特别是"亚洲四小龙"经济的快速发展，使我们有了危机感。1955 年至 1973 年间，欧美发达资本主义国家的经济增长率年均 5% 左右，日本则达到了 10%。1978 年邓小平访问日本，乘坐新干线时感慨地说：就感觉到快，有催人跑的意思，我们现在正适合坐这样的车。中国与世界"先发国家"经济科技方面的巨大差距，使中国领导人和各族人民产生了奋起直追的紧迫感。1980 年 1 月 16 日，邓小平在中共中央召集的干部会议上指出："说到最后，还是要把经济建设当作中心。离开了经济建设这个中心，就有丧失物质基础的危险。其他一切任务都要服从这个中心，围绕这个中心，决不能干扰它，冲击它。"① 党的十二大后，改革开放全面推进，从农村改革到城市改革，从经济体制改革到各方面体制的改革，从对内搞活到对外开放，有力地推动了经济发展和社会进步。1982 年到 1984 年，中央连续三年下发"一号文件"，在农村实行家庭联产承包责任制，有力推动了农村改革。乡镇企业异军突起，成为农村改革的重大成果和亿万农民的伟大创造。1987 年，全国乡镇企业从业人数达到 8805 万人，产值达到 4764 亿元，占农村社会总产值的 50.4%，第一次超过农业总产值，农村经济发生了历史性变化……党的十三大充分肯定了改革开放取得的巨大成

---

① 《邓小平文选》第二卷，人民出版社 1994 年版，第 250 页。

就，完整概括出党在社会主义初级阶段"一个中心、两个基本点"的基本路线，制定了"三步走"实现社会主义现代化的发展战略。

彰显社会主义优越性。随着经济体制改革和各方面改革不断深化，我国社会生产力大解放。与此同时，到 20 世纪 80 年代末，我国经济社会长期发展积累的深层次矛盾和推进改革发展引起的新矛盾集中凸显，加之其间价格改革过急，通货膨胀加剧，经济秩序比较混乱，社会稳定受到严重影响。东欧剧变、苏联解体，世界社会主义遭受重挫。面对国际国内形势的深刻复杂变化，中国共产党人牢牢把握中国特色社会主义事业发展的大局，清醒把握重大时代挑战中所蕴含的战略机遇，岿然屹立、从容应对，经受住了重大考验，成功地捍卫了中国的社会主义事业，进一步彰显了社会主义制度的优越性。中国特色社会主义的巨轮在疾风骤雨中坚定航向，破浪前行，不断迎向民族复兴的新曙光！

◇ 三、基本路线要管一百年

基本路线要管一百年——这是邓小平于 1992 年年初在南方谈话中提出的重要论断。他铿锵有力地强调："要坚持党的十一届三中全会以来的路线、方针、政策，关键是坚持'一个中心、两个基本点'。不坚持社会主义，不改革开放，不发展经济，不改善人民生活，只能是死路一条。基本路线要管一百年，动摇不得。只有坚持这条路线，人民才会相信你，拥护你。谁要改变三中全会以来的路线、方针、政策，老百姓不答应，谁就会被打倒。"① 一代又一代

---

① 《邓小平文选》第三卷，人民出版社 1993 年版，第 370—371 页。

的中国共产党人，决心沿着基本路线接力前进，直至抵达中华民族伟大复兴的彼岸。

经济持续快速健康发展。1992年新一轮思想解放和改革开放的高潮兴起，在邓小平南方谈话和党的十四大精神指引下，我国现代化建设进入一个新的加速期。以江泽民为核心的党的第三代中央领导集体鲜明提出：中国经济体制改革的目标是建立社会主义市场经济体制。我国先后出台投资、财税、金融、外贸等一系列改革措施，逐步建立起社会主义市场经济体制的基本框架。在深化经济体制改革的进程中，我国经济增长质量和社会发展水平都得到显著提高，于1995年提前5年实现国民生产总值比1980年翻两番，随后又于1997年实现了人均国民生产总值比1980年翻两番，初步实现了现代化建设的第二步战略目标。党中央带领全国各族人民战胜了来自国内国际的、经济社会的和自然的多方面挑战，成功应对了1997年亚洲金融危机的冲击，战胜了1998年长江、松花江和嫩江流域严重洪涝灾害，妥善处置了1999年美国轰炸我驻南斯拉夫联盟共和国大使馆和2001年南海撞机事件等，经受住了各种风险和挑战的考验。这一时期，我国综合国力大幅跃升，经济实现了持续、快速、健康发展，圆满实现了"三步走"发展战略的第二步目标，为全面建设小康社会奠定了坚实的基础。

牢牢把握战略机遇期。2002年10月，党的十六大召开后，以胡锦涛为总书记的党中央牢牢把握新世纪新阶段国内外形势的新变化，带领全国各族人民紧紧抓住21世纪头20年的重要战略机遇期，以科学发展为主题，以转变经济发展方式为主线，全面推进中国特色社会主义经济、政治、文化、社会、生态文明建设，加强党的执政能力建设和先进性建设，在新的历史起点上开始了全面建设小康社会的新征程。从 2003 年到 2012 年，中国粮食产量实现半个世纪以来首次连续九年增产。2011 年城镇化率首次突破 50%，我国进入到以城市型社会为主的新时代。我国成功举办北京奥运会和残奥会、上海世博会，夺取了抗击"非典"疫情、抗击四川汶川特大地震等重大胜利，妥善处置了一系列重大突发事件，特别是妥善应对了国际金融危机带来的严重冲击，在全球率先实现经济企稳回升。中国在国际事务中的代表权和话语权明显增强，国际地位大幅提升，"中国奇迹""中国道路"受到国际社会广泛关注，中国特色社会主义的国际影响越来越大，中国人民和中华民族的自豪感和凝聚力越来越强。

　　向全面建成小康社会、实现中国梦的目标迈进。2012 年 11 月，党的十八大胜利召开，选举产生了以习近平为总书记的中央领导集体，提出了全面建成小康社会、夺取中国特色社会主义新胜利的战略任务。新一届中央鲜明提出，要深入贯彻落实党的十八大精神，把坚持和发展中国特色社会主义作为聚焦点、着力点、落脚点，在中国特色社会主义道路上实现中华民族伟大复兴的中国梦。应当看到，我国进入深化改革的攻坚期、加快发展的关键期，综合国力、人民生活水平和国际影响力迈上一个新台阶，这为全面建成小康社会打下了坚实基础。同时，前进道路上的困难、问题和风险不少。习近平强调，发展中国特色社会主义是一项长期的艰巨的历史任务，必须准备进行具有许多新的历史特点的伟大斗争。他深刻指出，坚持和发展中国特色社会主义是一篇大文章，"现在，我们这一代共产党人的任务，就是继续把这篇大文章写下去"。

　　历史如书，实践如笔。今天，我们比历史上任何时期都更接近中华民族伟大复兴的辉煌目标，比历史上任何时期都更有信心、有能力实现这个目标。尽管全面建成小康社会、实现中国梦任重道远，但在以习近平为总书记的党中央坚强领导下，我们一定能团结一心，共同奋斗，战胜前进道路上的艰难险阻，不断谱写无愧于时代、无愧于人民的中国特色社会主义事业新篇章。

▌ 本章小结 ▌ ‥‥‥‥‥

实现中国梦，是中国人民、中华民族对于实现国家富强、民族振兴和人民幸福的美好憧憬、无限向往与不懈追求。中国特色社会主义道路来之不易。它是在改革开放三十多年的伟大实践中走出来的，是在中华人民共和国成立六十多年的持续探索中走出来的，是在对近代以来一百七十多年中华民族发展历程的深刻总结中走出来的，是在对中华民族五千多年悠久文明的传承中走出来的，具有深厚的历史渊源和广泛的现实基础。中国特色社会主义道路，是实现我国社会主义现代化的必由之路，是创造人民美好生活的必由之路。中国梦之所以在当代比历史上任何时期都更具感召力和影响力，根本原因在于中国特色社会主义道路的开辟和拓展、中国特色社会主义理论体系的形成和发展、中国特色社会主义制度的确立和完善。只要我们胸怀理想、坚定信念，不动摇、不懈怠、不折腾，顽强奋斗、艰苦奋斗、不懈奋斗，就一定能在建党100年时全面建成小康社会，就一定能在新中国成立100年时建成富强民主文明和谐的社会主义现代化国家，实现中华民族伟大复兴的中国梦。

✎ 思考题

1. 为什么说我们现在比历史上的任何时期都更接近实现中华民族伟大

复兴的目标和梦想?

2. 近代中国仁人志士在实现中国梦的道路上作出了哪些探索?

3. 怎样正确认识改革开放前后两个历史时期的关系?

第　一　章

全面建成小康社会推进实现中国梦

　　20 世纪 80 年代初，在邓小平的倡导下，小康社会就已成为中国人民跨世纪的理想和行动目标。在党的十六大、十七大确立的全面建设小康社会目标的基础上，党的十八大明确提出要"确保到 2020 年实现全面建成小康社会的宏伟目标"。这是一百多年来中国人民强国梦想最实在、最具体的表达，也是执政的中国共产党向各族人民的庄严承诺。小康社会从"全面建设"到"全面建成"，意味着我们更加接近中华民族伟大复兴的中国梦；从"小康梦"到"中国梦"，标志着中国特色社会主义道路越走越宽广。

第一节　小康社会目标的确立及其发展完善

　　梦想是通向美好生活的路标，不断指引着人们的奋斗历程。"小康"是古代思想家描绘的诱人的社会理想模式，也表现了普通百姓对富裕殷实的美满生活的向往。世易时移，中国民间习惯于把薄有家财、安居度日的家庭称为"小康之家"。然而，新中国成立前，备受压迫的劳苦大众的"小康梦"如痴人说梦，他们的理想充其量只能是过上解决生计的温饱生活。新中国成立后，中华民族获得了实现千年小康梦想的现实基础，并给小康社会的发展目标注入中国特色社会主义的全新内容。全面建成小康社会，成为实现中国梦的道路上一个十分重要的里程碑。

✧ 一、从传统小康到当代小康

今天的梦想，源自古老的向往。小康，曾经是中国人民在长期的历史长河中逐渐形成的社会理想。改革开放之后，邓小平根据中国国情并参照世界各国现代化进程，重新思考了在国家基础薄弱、财力严重不足的情况下实现现代化的速度、水平和途径，创造性地运用"小康"来描述中国未来发展的战略目标。

"小康"一词，最早见于《诗经·大雅·民劳》："民亦劳止，汔可小康。"当然，这里的"小康"与作为社会理想的"小康"在意义上是不同的。历代训诂家们认为其意是："百姓太辛苦了呀，让他们休息一下吧。"我们不妨将其理解为一种告诫：不要让老百姓过得太艰苦。把"小康"作为理想社会模式载于西汉时期成书的《礼记·礼运》，其中描绘了大同社会和小康社会的图景：大同社会是一个财产公有、社会文明、社会保障健全和社会秩序稳定的最高理想社会；小康社会则显示出不同的社会面貌，从古代儒家的思想渊源看，描述的是随社会规模的扩大，由氏族社会向生产分工的文明社会的转化，一个在土地私有制基础上建立起来的"天下为家"、靠礼仪关系维持的理想社会。儒家学派从历史循环论出发，幻想着返回原始田园牧歌式的大同生活。

但到了近代，自进化论传入中国，"小康"就成了通往"大同"

进化历程的中间环节。如根据戊戌变法的思想领袖康有为的说法，小康之世是社会从多灾多难的乱世发展到世界大同的太平世界的一个驿站。为了宣传其历史进化论思想，康有为采取了"托古改制"的方式，声称自己在孔子著作《春秋》中发现了"微言大义"，主张通过变法维新，以实现"据乱世"向"升平世（小康）"乃至"太平世"的过渡。

📚 **延伸阅读**

礼记·礼运

《礼记·礼运》借孔子之口说道："大道之行也，天下为公，选贤与能，讲信修睦。故人不独亲其亲，不独子其子，使老有所终，壮有所用，幼有所长，矜、寡、孤、独、废、疾者皆有所养，男有分，女有归。货恶其弃于地也，不必藏于己；力恶其不出于身也，不必为己。是故谋闭而不兴，盗窃乱贼而不作，故外户而不闭。是谓大同。"又说："今大道既隐，天下为家，各亲其亲，各子其子，货力为己，大人世及以为礼，城郭沟池以为固，礼义以为纪。以正君臣，以笃父子，以睦兄弟，以和夫妇，以设制度，以立田里，以贤勇、知，以功为己。故谋用是作，而兵由此起。禹、汤、文、武、成王、周公，由此其选也。此六君子者，未有不谨于礼者也。以著其义，以考其信，著有过，刑仁讲让，示民有常。如有不由此者，在埶者去，众以为殃。是谓小康。"

　　随着时代的变迁，"小康""小康之家""小康生活"等词语越来越成为"经济较为宽裕，生活不愁温饱""略有资产，足以自给"等的代名词，在民间广泛流传。"三十亩地一头牛，老婆孩子热炕头"，曾经是无数普通百姓的最高生活目标。但由于历史条件的限制，缺乏现实的基础，直到中国共产党领导中国人民，经过几十年的浴血奋斗建立了中华人民共和国，我们才获得了实现这个千年理想的现实基础。

　　1982年9月，党的十二大把人民物质生活达到小康水平作为主要奋斗目标，将其作为我国国民经济和社会发展的阶段性标志。党的十二大提出："从一九八一年到本世纪末的二十年，我国经济建设总的奋斗目标是，在不断提高经济效益的前提下，力争使全国工农业的年总产值翻两番，即由一九八〇年的七千一百亿元增加到二〇〇〇年的二万八千亿元左右。实现了这个目标，我国国民收入总额和主要工农业产品的产量将居于世界前列。整个国民经济的现代化过程将取得重大进展，城乡人民的收入将成倍增长，人民的物质文化生活可以达到小康水平。"

　　1984年6月，邓小平在会见第二次中日民间人士会议日方委员会代表团时曾谈道："我们提出四个现代化最低的目标，是到本世纪末达到小康水平。这是一九七九年十二月日本前首相大平正芳来访时我同他首次谈到的。所谓小康，从国民生产总值来说，就是年人均达到八百美元。这同你们相比还是低水平的，但对我们来说是雄心壮志。中国现在有十亿人口，到那时候十二亿人口，国民生产总值可以达到一万亿美元，如果按资本主义的分配方法，绝大多数人还摆脱不了贫穷落后状态，按社会主义的分配原则，就可以使全国人民普遍过上小康生活。这就是我们为什么要坚持社会主义的道理。不坚持社会主义,中国的小康社会形成不了。"[①] 此后,他多次阐述了小康社会是中国在 20 世纪末要达到的发展战略目标。党的十三大把邓小平提出的战略设想确定为全党和全国人民的长期奋斗目标,并提出了社会主义现代化的"三步走"战略。

延伸阅读

社会主义现代化"三步走"战略部署的重要意义

把我国建设成社会主义现代化强国,一直是党和国家的奋斗目标。"三步走"的战略部署正确地反映了我们这样一个经济落后国家实现现代化的客观进程,意义非常重大。首先,"三步走"的战略部署把国家现代化这样一个远大的宏伟目标同十多亿人民群众的实际生活结合起来,先解决温饱问题,再是小康水平,再是比较富裕的生活,使现代化的目标不再是可望而不可即的抽象口号。其次,"三步走"的战略部署引入了世界上通用的人均概念,使实现现代化的宏伟目标阶段化、具体化。从人均 200 多美元开始起步,经过努力达到 800—1000 美元,再翻两番达到人均 3000—4000 美元。把一个宏大的目标具体分解到每个地区、每个人,使现代化的事业同各地区、各部门的日常工作结合起来,使各级领导和群众都做到心中有数。最后,分"三步走"的战略是在总结了我国经济建设正反两方面经验的基础上提出来的,

---

① 《邓小平文选》第三卷,人民出版社 1993 年版,第 64 页。

考虑到我国相对落后的具体国情，实事求是地把原来到20世纪末实现四个现代化的目标具体改为实现小康社会，并提出再用30—50年的时间达到中等发达国家水平的设想，既考虑了我国现代化发展的需要，也考虑了实现现代化的条件和可能，这就从战略部署上克服了我们长期存在的急于求成的思想，为我国经济社会持续、稳定、协调发展指明了方向和目标。

应当看到，"小康"是传统社会长期处于贫困状态的普通百姓对衣食无忧的生活向往，被中国共产党人用来定位中国现代化建设的战略目标，是把现代社会价值理念和传统社会发展理想结合起来的睿智创造，也是把人民对美好生活的梦想具体化、现实化。对小康目标的不断充实完善，既反映出我们党建设中国特色社会主义事业的实践进展和认识深化，也体现出对人民群众总体需求的人文关怀和切实尊重。

◇　二、从解决温饱问题到总体小康

小康社会的概念在中国社会主义现代化的实践中得到不断丰富和完善，逐渐变得越来越准确，越来越清晰。在小康社会战略目标的指引下，经全党、全国各族人民的共同努力，中国的社会经济状况发生了重大的改变。根据国家统计局的统计数据，到1990年，我国国民生产总值已达到17686亿元，按可比价格计算，比1980年增长了1.43倍，年均增长9.3%，人均国民生产总值比1980

增长 1.1 倍，年均增长 7.7%，完成了翻一番的任务。城乡居民收入水平大幅增长，基本实现温饱。按住户调查统计，1990 年农民人均纯收入已达 686.3 元，扣除价格因素，比 1980 年增长了 1.24 倍，年均增长 9.1%；城镇居民人均可支配收入 1990 年达到 1510.2 元，扣除价格因素，比 1981 年增长 56%，年均增长 5.1%。全国居民收入水平在贫困线以下的比例由 1980 年的 10% 左右降至 1990 年的 3.6%，温饱型生活水平的人口占 77.9%，相当于小康水平的人口占 18.5%，这部分人已经达到丰衣足食、吃穿有余的收入水平。这样，到 1990 年，我国已基本解决了人民的温饱问题。

1990 年，党的十三届七中全会对"小康目标"做了更加详尽的描绘："人民生活从温饱达到小康，生活资料更加丰裕，消费结构趋于合理，居住条件明显改善，文化生活进一步丰富，健康水平继续提高，社会服务设施不断完善。"在此基础上，又对小康水平进行了定义："所谓小康水平，是指在温饱的基础上，生活质量进一步提高，达到丰衣足食。这个要求既包括物质生活的改善，也包括精神生活的充实；既包括居民个人消费水平的提高，也包括社会福利和劳动环境的改善。"

1995 年，党的十四届五中全会指出："九五"国民经济和社会发展的主要奋斗目标是，全面完成现代化建设的第二步战略部署，到 2000 年，基本消除贫困现象，使人民生活达到小康水平。

1997 年，党的十五大提出："我们党在改革开放初期提出的本世纪末达到小康的目标，能够如期实现。在中国这样一个十多亿人口的国度里，进入和建设小康社会，是一件有伟大意义的事情。这将为国家长治久安打下新的基础，为更加有力地推进社会主义现代化创造新的起点。"党的十五大提出党在社会主义初级阶段的基本纲领和 21 世纪第一个十年建设有中国特色社会主义新农村的目标是：从 1997 年起到 2010 年，通过坚持以公有制为主体、多种所有制经济共同发展的基本原则，不断解放和发展农村生产力，在家庭承包经营的基础上，以农业社会化服务体系、农产品市场体系和国家对农业的支持保护体系为支撑，进一步完善农村经济体制，优化农村产业结构，使其适应发展社会主义市场经济的要求，同时显著提高农业科技、装备水平和综合生产能力，加快城镇化的进程，从而极大地发展农村经济，不断增加农民收入，促进农村全面实现小康，并逐步向更高的水平前进。这一纲领把中国农村实现小康当作一个跨世纪的奋斗目标而予以高度重视和强调，这意味着农村的小康建设已经正式成为当时国家发展战略的基本内容。

按照邓小平"三步走"的伟大构想，中国共产党和中国政府形成了一个量化的、可操作的小康社会建设思路。到 2000 年我国国内生产总值达到 89404 亿元，按不变价格计算比 1980 年增长 5.55 倍，平均增长率为 9.9%，人均 GDP 比 1980 年增长了 4.09 倍，平均增长率为 8.4%，超额完成了人均国民生产总值比 1980 年翻两番的任务。农村居民人均纯收入和城镇居民人均可支配收入分别由 1980 年的 191.3 元、477.6 元增加至 2000 年的 2253 元、6280 元；市场商品丰富，居民消费水平得到提高，人均消费绝对数由 1980 年的 238 元增加至 2000 年的 3632 元；城乡居民住房条件得到较大改善，城市人均住宅建筑面积和农村人均住房面积分别由 1980 年的 7.2 平方米、9.4 平方米增加至 2000 年的 20.3 平方米、24.8 平方米。这样，到 2000 年，经过全党和全国人民的共同奋斗，中国的小康建设已经取得了显著的成就，人民生活在总体上实现了小康目标。

◇ 三、从全面建设小康社会到全面建成小康社会

今天的梦想接续昨天的期望，启迪明天的方向。正如邓小平所说："我们搞的现代化不是西方的现代化，是中国式的现代化，就是小康社会的现代化。"[①] 在总体上实现了小康目标之后，从更高要求来看，这个阶段所达到的小康，还需要紧密结合新阶段实际进一步发展完善。

尽管 2000 年我国的人均国内生产总值超过 850 美元，但仍有一部分人刚刚解决了温饱问题，或生活在温饱水平以下。与此同时，在民主、法治、文化教育事业、环保以及市场经济体制下的社会保障等方面，都与建设社会主义现代化强国的目标有着较大差距。在这种情况下，对国家的经济、社会和政治发展战略进行提升，就成为中国特色社会主义的一种不可避免的历史性选择。正是基于这样的现实状况，旨在让所有人都获得小康生活的"全面建设小康社会"这一目标被逐步明确地纳入到了中国共产党和中国政府的新发展战略框架，成为广大群众梦寐以求的生活目标和发展愿景。

2000 年 10 月，党的十五届五中全会提出了全面建设小康社会的新目标。全会认为："现在完全可以有把握地说，我们党在改革开放初期提出的本世纪末达到小康的目标，能够如期实现。在中国这样一个十多亿人口的国度里，进入和建设小康社会，是一件有伟大意义的事情。这将为国家长治久安打下新的基础，为更加有力地推进社会主义现代化创造新的起点。"全会指出："从新世纪开

---

① 《邓小平年谱（1975—1997）》，中央文献出版社 2004 年版，第 816 页。

始，中国将进入全面建设小康社会，加快推进现代化的新的发展阶段，……我们已经实现了现代化建设的前两步战略目标，经济和社会全面发展，人民生活总体上达到了小康水平，开始实施第三步战略部署。这是中华民族发展史上一个新的里程碑。"

党的十六大指出，我国总体上达到的小康社会，还是"低水平的、不全面的、发展很不平衡"的小康，人民日益增长的物质文化需要同落后的社会生产之间的矛盾仍然是我国社会的主要矛盾。按照世界银行 1990 年的分类标准，我国居民 2001 年人均收入 500 美元，是 1980 年的 3 倍多，但是与同期的发达国家相比还是处于很低水平，美国人均年收入超过 2 万美元，英、德、法、意等国家都在 1.5 万美元以上。城乡二元经济结构仍未改变。第五次人口普查数据显示，我国城镇化率为 36.2%，远低于发达国家的 75%，也低于 2000 年的世界平均城镇化率 47%。城乡和地区的收入差距较大，2001 年东部 11 省市的人均 GDP 为 1600 美元，而西部 12 省区仅为 610 美元，相差 2.6 倍。从城乡居民收入差距看，2000 年农村人均纯收入 2253 元，城镇人均可支配收入 6280 元，相差 2.8 倍，城乡收入差距处于不断扩大趋势。人口总量继续增加，65 岁以上老龄人口占总人口比重为 7%，进入了老龄化社会；就业和社会保障压力增大。生态环境、自然环境和经济社会发展的矛盾日益突出。

因此，党的十六大提出，我国要在 21 世纪头二十年，集中力量，全面建设惠及十几亿人口的更高水平的小康社会，需要经济更加发展，民主更加健全，文化更加繁荣，社会更加和谐，人们生活更加殷实。从此，在 2000 年我国实现"总体性小康"的基础上，"全面建设小康社会"就成为我国到 2020 年要实现的宏伟蓝图。

📖 延伸阅读

总体小康水平与全面建设小康社会的区别

两者的区别体现在：其一，"总体小康"是 20 世纪根据我国的国情，我们建设小康重点在于解决温饱、提高物质文明水平时提出来的，是我们现在已达到的小康现状；而"全面建设小康社会"是 21 世纪头 20 年将要达到的，包括了"经济、政治、文化和社会"等方面的目标，这个目标在近期还加入了"生态文明"的内容，成为"五位一体"的小康。其二，"总体小康"还是低水平、不全面、发展很不平衡的小康；而"全面建设小康社会"是将目前低水平、不全面、发展很不平衡的小康社会，发展成为更高水平、内容比较全面、发展较为均衡的小康社会。这个目标的实现，将使我国经济更加发展、民主更加健全、科教更加进步、文化更加繁荣、社会更加和谐、人民生活更加殷实、环境生态更加友好。

2007 年，党的十七大对全面建设小康社会的愿景做了如下描述：到 2020 年全面建设小康社会目标实现之时，我们这个历史悠久的文明古国和发展中社会主义大国，将成为工业化基本实现、综合国力显著增强、国内市场总体规模位居世界前列的国家，成为人民富裕程度普遍提高、生活质量明显改善、生态环境良好的国家，成为人民享有更加充分民主权利、具有更高文明素质和精神追求的国家，成为各方面制度更加完善、社会更加充满活力而又安定团结

▲ 新农村景象

（新华社记者　陈琪/摄）

的国家，成为对外更加开放、更加具有亲和力、为人类文明作出更大贡献的国家。

　　经过十年不断的发展，我国全面建设小康社会取得新进展。经济总量持续增加，2011 年，我国国内生产总值 47.3 万亿元，扣除价格因素，比 2002 年增长 1.5 倍。经济总量居世界位次稳步提升，2008 年国内生产总值超过德国，居世界第三位；2010 年超过日本，居世界第二位，成为仅次于美国的世界第二大经济体。在经济持续高速发展的同时，人民收入水平大幅提高，城镇居民家庭人均可支配收入由 2002 年的 7702.8 元增加至 2011 年的 21810 元，农村居民人均纯收入由 2576 元增加至 6977 元。城镇化步伐明显加快，

2011 年，我国城镇化率首次突破 50%，达到 51.3%，我国城乡结构发生历史性变化。社会保障体系初步建立，包括新农合、城镇职工医保、城镇居民医保在内的医疗保险制度覆盖人数已超过 13 亿人，中国已构建起世界上规模最大的基本医疗保障网，实现了制度性全覆盖；2012 年我国养老保险在全国基本实现全覆盖，我国实现了城乡居民社会养老保险制度从无到有、再到制度全覆盖的历史性跨越。国民健康水平有较大提高，2010 年第六次全国人口普查数据显示，我国的人口平均预期寿命为 74.8 岁，与 2000 年的 71.4 岁相比，增加了 3.4 岁。与此同时，民主法治、精神文明、生态建设等方面都取得了重大进展。

2012 年，党的十八大根据经济社会发展的实际进程，从中国特色社会主义总体布局出发，将大会的主题定为"为全面建成小康社会而奋斗"，提出了到 2020 年全面建成小康社会的新要求和新愿景。"全面建设小康社会"改为"全面建成小康社会"，一字之差，却标志着全面小康社会建设进入最后的冲刺阶段，也标志着全面建成小康社会成为现阶段实现国家富强、民族振兴、人民幸福的新目标。

第二节　全面建成小康社会的新机遇新挑战

全面建成小康社会这个目标的提出，是要有依据、有底气的。现阶段，我国仍处于并将长期处于社会主义初级阶段的基本国情没有变，人民日益增长的物质文化需要同落后的社会生产之间的矛盾这一社会主要矛盾没有变，我国是世界最大发展中国家的国际地位没有变。在这样的时空方位，综观国际国内大势，我国发展仍处于可以大有作为的重要战略机遇期，全面建成小康社会既面临新机遇，又面临新挑战。只有准确判断重要战略机遇期内涵和条件的变化，全面把握机遇，沉着应对挑战，才能赢得主动，赢得优势，赢得未来，确保到 2020 年实现全面建成小康社会宏伟目标，为实现中国梦奠定坚实基础。

✧　一、全面建成小康社会的历史性机遇

进入 21 世纪，我国进入全面建设小康社会的新阶段。把握住国际国内两个大局，利用好国际国内两种机遇，是全面建成小康社会、实现中国梦的重要认识基础和实践基础。

从内部环境看，党的十六大确立全面建设小康社会奋斗目标、十七大对全面建设小康社会作出新部署以来，我们紧紧抓住和利用我国发展的重要战略机遇期，深化改革开放，加快发展步伐，为全面建成小康社会奠定了坚实基础。

综合国力迅速提高。2012 年，中国国内生产总值超过 50 万亿元，占全球经济的比重提高到 10.4%，稳居世界第二大经济体。通过三十多年改革发展，我国制造业总体规模跃升全球第一，在载人航天、高速轨道交通、超级计算机等领域取得重大突破，创新型国家建设成效显著，主要产品产量位居世界前列，全球近一半的手机、彩电、显示器、程控交换机、数码相机都在我国生产。财政收入大幅增加。农业综合生产能力提高，粮食连续 10 年增产，突破了 6 亿吨。战略性新兴产业发展壮大，传统产业不断改造升级，现代服务业快速发展，基础设施得到很大完善。城镇化进程加快，城

镇人口超过农村人口，城镇化水平明显提高，城乡区域发展协调性增强。

发展潜力巨大。抓住"新四化"（新型工业化、信息化、城镇化和农业现代化）提供的发展空间，用好"新四化"深度融合的后发优势和比较优势，以"新四化"作为推动经济继续向前发展的主要抓手，中国有望继续增长 20 年，从而改变全球经济版图，为实现中华民族伟大复兴迈出坚实的步伐。如城镇化是我国现代化建设的战略任务，也是扩大内需的最大潜力所在。积极稳妥推进城镇化，把城镇化这一"最大潜力"与改革这一"最大红利"结合起来，形成叠加效应，中国经济就有了长久持续的动力。未来 10 年快速推进的城镇化，将释放巨大消费能力。城镇化率每年提高 1 个百分点，再持续 20 年才能达到 70%。如果农村人均消费水平提高到城镇居民平均消费水平的 60%，按 2012 年数据测算，平均每年新增消费规模将超过 4 万亿元。而且，目前中国居民消费率只有美国的一半，大约为 35%，增长空间很大。

政治大局稳定。政局安定，社会稳定，国泰民安，百姓安居乐业，这既是党和国家的奋斗目标，也是人民群众的热切愿望。正如习近平强调的那样，中国人民十分珍惜和平安定的生活。中国人民怕的就是折腾，求的就是稳定，盼的就是天下太平。改革开放以来，在深刻总结历史经验的基础上，中国共产党致力于转变执政方式、加强执政能力，寻求与时俱进的变革。中国共产党长期以来致力于健全完善人民代表大会制度和政治协商制度，改革干部人事制度和选举制度，推行政务和党务公开，扩大群众和舆论监督，发展党内民主和社会民主，增强广大人民群众对国家政治生活的参与，使得人民的呼声成为决策的基础，人民的利益要求成为决策的依据，增强了人民对国家政权的共享感和认同感。因此，人心思稳，人心思定，人民群众珍惜历史性的发展机遇，希望继续在安定团结的政治局面下发展经济，提高生活水平，提升综合国力。

改革能够释放发展红利。改革开放是我国发展的最大"红利"。1978 年，改革开放开启了中国经济腾飞的大门，把超过 13 亿人带入科学发展的全面小康时代。近十年，中国经济以超乎寻常的速度发展，更是与包括体制机制改革红利、人口红利、国企改革红利、资源红利在内的改革红利密切相关。如党的十八大以后国务院推进的第一项重大改革就是行政体制改革。把政府职能转变放在更加突出的位置，该由市场做的要多放给市场，社会能办好的就交给社会，政府减少对微观事务的干预，同时把该由政府管的事真正管好。通过减少和下放投资审批事项，减少和下放生产经营活动审批事项，减少资质资格许可和认定，减少行政事业性收费等"改革组合拳"，对企业创业创新、激发和释放市场活力具有重要意义和深远影响。再如，通过推进新型城镇化，破解城乡二元结构形成的差距，也将惠及亿万人民群众。随着可持续发展的巨大"改革红利"不断释放，中国的小康社会建设进程将规避"硬着陆"的风险。更重要的是，改革红利就是制度红利。保障社会公平正义、实现百姓对美好生活的期盼，这些都得依靠改革去实现。

从外部环境看，正如习近平所指出的那样，当今世界，和平、发展、合作、共赢成为时代潮流。随着世界多极化、经济全球化深入发展和文化多样化、社会信息化持续推进，今天的人们比以往任何时候都更有条件朝和平与发展的目标迈进，各国人民比以往任何时候都更加期盼共创美好未来的"世界梦"。世界繁荣稳定是中国的机遇，中国发展也是世界的机遇。和平发展道路能不能走得通，很大程度上要看我们能不能把世界的机遇转变为中国的机遇，把中国的机遇转变为世界的机遇，在中国与世界各国良性互动、互利共赢中开拓前进。这是思考和谋划全面建成小康社会的重要参考因素，也是追求和实现中国梦的重要参照体系。

世界政治格局大调整。二十多年前，东欧剧变、苏联解体，世界社会主义遭到前所未有的重大挫折，东西方力量对比失衡，美国成为世界上唯一的超级大国，有恃无恐地推行霸权主义、强权政治和单边主义，世界变得更不安宁。然而，近年来世界格局悄然发生重大深刻变化，这种变化不是向着有利于资本主义而是向着不利于资本主义的方向发展。如美国于 2001 年和 2003 年先后发动了阿富汗战争和伊拉克战争，这两场打了十多年的战争虽然推翻了塔利班政权和萨达姆政权，但花掉军费近三万亿美元。特别是 2008 年以来，由美国次贷危机引发的金融危机，从虚拟经济波及实体经济，出现全球性金融危机，部分发达资本主义国家的经济呈现零增长和负增长，而发展中国家如"金砖国家"受影响较小，出现了转机，这深刻地改变了世界格局和国际经济形势，世界正在从单极走向多极。

全球化带来发展新机遇。放眼世界，促进共同发展的有利因素增加。特别是随着世界经济重心向亚太地区转移，我国可以更好更多地利用国际资本、技术和人才，为加快自身发展和推动世界经济发展作出更大贡献。顺应经济全球化的时代大潮，中国的发展已经成为世界经济增长的重要动力。改革开放以来，随着我国综合国力增强，对发展中国家援助的规模、质量和效益不断提升。截至2011 年年底，我国为发展中国家累计培训了超过 14 万名各类人才，帮助受援国建成了 2200 多个与其人民生产生活息息相关的各类项目。这些无私的理念和付出，不但赢得了广大发展中国家对我们的尊重和信任，也使得各国人民对"中国梦""世界梦"更加理解和支持。

中国国际话语权提升。当前，世界经济稳定、气候变化、粮食安全、能源资源安全、重大传染性疾病等全球性问题日益突出，世界越来越成为命运相连的地球村。同时，国际金融危机引发了世界经济政治格局发生深刻变化，特别是国际货币基金组织、世界银行等治理结构改革迈出重要步伐，增加了发展中国家在世界经济治理中的发言权和规则制定权，使得全球合作向多层次全方位拓展。我国长期坚持开放合作的发展，自身的经济实力和国际影响力日益提升，已成为世界经济的重要力量。中国的发展需要世界，世界的发展也需要中国，我们与各方利益汇合点进一步集聚扩大。中国以更加积极的姿态参与国际事务，坚持不懈做和平发展的实践者、共同发展的推动者、多边贸易体制的维护者、全球经济治理的参与者，以负责任大国的正确"义利观"赢得广泛的国际支持。

新科技革命方兴未艾。一个国家能不能持续发展，关键在于是否抓住世界科技革命和新兴产业发展潮流。当前，以信息技术为前导并由此带动的新能源、生物技术、海洋技术等新科技革命已初露端倪。虽然发达国家在综合创新能力方面依然优势明显，但我国可以利用国内市场空间大和产业化能力强的优势，利用在部分领域接近或达到技术前沿的条件，通过大力提高国家创新能力，在一些关键领域率先取得技术突破，推动产业结构优化升级，实现跨越式发展。

📚 **延伸阅读** ··

新科技革命的内涵和影响

目前，国际上公认的并列入 21 世纪重点研究开发的高新技术领域，包括信息技术、生物技术、新材料技术、新能源技术、空间技术和海洋技术等。信息技术主要包括微电子技术、计算机技术、通信技术和网络技术等。在新科技革命中，信息技术处于核心和先导地位。现代生物技术主要包括基因工程、细胞工程、酶工程、发酵工程和蛋白质工程。新材料技术主要研究新型材料的合成。新能源技术主要进行新能源如核能（原子能）、太阳能、地热能、风能、海洋能、生物能、氢能等的研究和开发，从多方面探寻发展新能源的途径。空间技术又称航天技术，通常指人类研究如何进入外层空间、开

▲ "神舟十号"飞船发射升空 （新华社记者 李刚／摄）

发和利用空间资源的一项综合性工程技术，主要包括人造卫星、宇宙飞船、空间站、航天飞机、载人航天等内容。海洋技术包括进行海洋调查和科学研究、海洋资源开发和海洋空间利用。新技术革命对社会影响是多方面的，如信息技术对改变整个人类社会的面貌起了重要的作用。计算机网络和信息高速公路的建立，将整个世界变成了地球村。又如，新材料技术的每一次重大突破，都加速了社会发展的进程；生物技术的进展，使人类获得了创造新生物和新生命的能力。

重要战略机遇期依旧。国际力量对比朝着有利于维护世界和平的方向发展。和平与发展仍然是时代主题，新兴市场国家和发展中国家整体实力增强。我们有可能争取到较长时间的和平国际环境。在对国际国内经济大势的判断中，我们对战略机遇期的认识也不断深化。习近平明确指出，我国发展仍处于重要战略机遇期的基本判断没有变。同时，又提出了要抢抓"新机遇"的重要思想。他指出，国际金融危机发生五年来，世界经济已由危机前的快速发展期进入深度转型调整期。我国发展的重要战略机遇期仍然存在，但在国际环境的内涵和条件方面发生了很大变化。我们面临的机遇，不再是简单纳入全球分工体系、扩大出口、加快投资的传统机遇，而是倒逼我们扩大内需、提高创新能力、促进经济发展方式转变的新机遇。我们必须因势利导、顺势而为，努力在风云变幻的国际环境中谋求更大的国家利益。

天下大势，浩浩荡荡；顺之者昌，逆之者亡。在时代前进潮流中如何把握主动、赢得发展，关系着全面建成小康社会的实际效果，影响着中华民族伟大复兴的命运走向。

◇ 二、全面建成小康社会的现实性挑战

机遇伴随着挑战。党的十八大之后的五至十年，是全面建成小康社会的决定性阶段。全面审视国内外环境，我国发展也处于面临诸多风险的矛盾凸显期。我国已进入深化改革开放、加快转变经济发展方式的攻坚时期，前进道路上的困难、问题和风险增多。国际竞争空前激烈，全球性矛盾和问题更加突出。这些都给我们实现全面建成小康社会宏伟目标带来新的挑战。

转变发展方式的"爬坡之艰"。在我们这样一个有十几亿人口的发展中大国实现现代化，是一项前无古人的伟大事业，同时也面临着从未遇到的严峻挑战。特别是经济高速增长付出的资源代价过高。目前，我国绝大多数资源的人均占有量都低于世界平均水平，但是我国已成为世界上煤炭、钢铁、铁矿石、氧化铝、水泥消耗最大的国家。从总体上看，高投入、高消耗、高污染与低产出、低技术、低效益的经济发展模式依然存在。在国际金融危机冲击下，我国实现经济发展方式转变，仍然面临许多严峻挑战。从国内经济大势来说，以习近平为总书记的党中央对经济形势作出了经济增长速度换挡期、结构调整阵痛期、前期刺激政策消化期三期叠加的重要判断：所谓增长速度换挡期，就是我国经济已处于从高速换挡到中高速的发展时期；所谓结构调整阵痛期，就是说结构调整刻不容缓，不调就不能实现进一步的发展；所谓前期刺激政策消化期，主要是指在国际金融危机爆发初期，我们实

施了一揽子经济刺激计划，现在这些政策还处于消化期。如何"爬坡过坎""乘势而上"，实现经济发展的"转型升级"，既是一个大考验，也是一篇大文章。

冲破利益藩篱的"改革之痛"。当前和今后一个时期，改革向纵深推进，既迫在眉睫，又步履维艰。唯其如此，步入攻坚期和深水区的中国改革，需要勇气和信心，也需要智慧和坚韧。正如习近平所指出的，改革"要勇于冲破思想观念的障碍和利益固化的藩篱，敢于啃硬骨头，敢于涉险滩"。一方面，一些系统性的利益格局已经固化，一些曾经的改革受益者为了维护自身利益可能沦为改革继续推进的阻力，冲破盘根错节的利益固化藩篱，面临层层重压。一些人们耳熟能详的改革"重点领域"和"关键环节"，往往由于利益固化的程度更为严重，对利益格局重新"洗牌"的难度也更大。政府改革如此，垄断行业、收入分配、资源价格、财税体制等改革同样如此。另一方面，三十多年前中国改革开放起步之时，主要依靠自下而上的基层探索。当年的"单兵突进式"探索性改革如今已演变成"综合配套式"自主性改革，任何一项改革都可能"牵一发而动全身"。如收入分配不公、城乡差距、贫富差距、行业差距、区域差距过大等引发的民生问题、社会问题越来越突出。这些倾向不扭转，改革攻坚很难进展。再单纯靠"摸着石头过河"已然无法顺时应势，强化顶层设计成为越来越迫切的课题。再加上一些领域消极腐败现象易发多发，反腐败斗争形势依然严峻，形式主义、官僚主义、享乐主义和奢靡之风仍在不同程度上存在，严重影响了人民群众对改革的信心和期待。这些不利因素，是全面建成小康社会道路上必须清除的"绊脚石"。突破这些制约改革的利益藩篱，才能找到为实现中国梦凝聚共识、攻坚克难的"垫脚石"。

 **延伸阅读** ··

"小康不小康，关键看老乡"

我国人均国内生产总值已达到中等收入国家水平，同样也面临"中等收入陷阱"挑战。在发展进程中，经济增长的制约条件增加，利益格局正在发生深刻变化，居民收入分配差距较大。"小康不小康，关键看老乡。"尽管一些城市已率先实现全面小康，正处在奔向现代化的道路上；但在广大农村地区特别是中西部贫困地区，全面建成小康社会的任务还很艰巨。根据国家统计局的调查，在 2013 年，城镇居民人均可支配收入"高收入组"为 56389 元，农村居民人均纯收入"低收入组"则为 2583 元。党的十八大指出：全面建成小康社会，基础在农业，难点在农村，关键在农民。2012 年 12 月 30 日，习近平在河北考察时也着重强调：全面建成小康社会，最艰巨最繁重的任务在农村，特别是在贫困地区。没有农村的小康，特别是没有贫困地区的小康，就没有全面建成的小康社会。

社会矛盾冲突的"燃点低"。改革开放三十多年来，党和政府高度重视发展社会事业，积极探索加强和创新社会管理，取得了显著成绩，人民群众生活水平明显提高，社会大局保持稳定，社会形势总体是好的。但是必须清醒地看到，与经济建设相比，我国社会建设仍显滞后，经济建设与社会建设"一条腿长，一条腿短"的问题日益突出，社会建设存在着许多亟待破解的难题。特别是由于经济发展快、开放程度高、社会转型快、流动人口多，社会治理压力大，社会矛盾出现易发、多发、群发的态势，而且社会矛盾触点多、"燃点低"、处理难，甚至出现"不点自燃，一点就着"的复杂情况，群体性事件、非利益相关性社会冲突等明显增多。党的十八大指出："加强社会建设，是社会和谐稳定的重要保证。必须从维护最广大人民根本利益的高度，加快健全基本公共服务体系，加强和创新社会管理，推动社会主义和谐社会建设。加强社会建设，必须以保障和改善民生为重点。提高人民物质文化生活水平，是改革开放和社会主义现代化建设的根本目的。要多谋民生之利，多解民生之忧，解决好人民最关心最直接最现实的利益问题，在学有所教、劳有所得、病有所医、老有所养、住有所居上持续取得新进展，努力让人民过上更好生活。加强社会建设，必须加快推进社会体制改革。"当前，全面加强社会建设，创新社会治理，已经成为时代的要求和人民最广泛、最普遍的共识。此外，生态环境、食品药品安全、安全生产、社会治安、执法司法等关系群众切身利益的问题较多，与一些领域道德失范、诚信缺失等现象叠加，使得各种社会矛盾触点多、"燃点低"的情况居高不下。可以说，没有社会结构的优化调整，社会经济发展无以持续。要增强改革发展的协调性和有效性，就必须把社会建设这块"短板"补齐，加快提高社会治理"软实力"，切实避免社会"软环境"复杂化。

ⓘ _案 例_

农民心中的小康社会
——农村代表心中的"小康梦"①

在广袤的农村，农民眼中的小康是什么样子？农村代表向记者讲述了心中的"小康梦"。

"愚公支书"：一条路一座桥

"以前村民去几里远的乡镇，要沿着百年古盐道攀爬几个小时，每年都有人翻落山谷。"全国人大代表、湖北省建始县龙坪乡店子坪村党支部书记说起村里以往的交通状况，感慨不已。

店子坪村地处山区，村民年均收入 2600 元。为了村民出行不再提心吊胆，村支书带领群众历时 6 年，硬是在悬崖峭壁上凿出一条"天路"，被称为"愚公支书"。

谈起"小康梦"，他首先想到的是一条路一座桥，"山路只能行人，要有一条水泥路，小车就能开进村。要能架一座桥，20 分钟就能上国道"。

此外，他希望村里有所幼儿园，小伢们能像城里孩子们一样念书。"我还梦想村民们能住上宽敞的小洋楼，手里有余钱花，家里再装台电脑、接个网线，就能看到外面的世界啦！"

---

① 参见《三位农村代表心中的"小康梦"》，新华网 2013 年 3 月 16 日。

▲ 店子坪村修路现场召开修路情况会

（新华社发）

近两年，武陵山搞试验区建设和扶贫连片开发，强农惠农政策更多了。"我想抢抓机遇，用三年时间，把村里的农特产卖出去，村民收入达到人均 6000 元以上就比较理想了。"村支书说。

要实现这个"梦"，他觉得除了解决交通问题，集体经济还要壮大。他希望国家进一步加大扶贫力度。"我们有信心，像凿'天路'一样走出一条小康路。"

皇城村"掌门人"：要赶超美国农民

"我们村农民人均年收入已经达到 5 万元。但我的小康梦是要赶超美国农民的小康。"全国人大代表、山西省阳城县皇城村党总支书记说。

皇城村是一个一千多人的山区农村。过去吃饭靠天，"半月无雨苗枯黄，一场大雨全冲光"，"青年跑光、土地撂荒、老人心慌、干部难当"。

后来，皇城村靠开发煤矿渐渐富了起来，但没有躺在"煤堆"上享清福，而是把地下产业转向地上创业，先后发展了旅游、餐饮、酿酒等服务行业。现在又向房地产、生物制药、新能源节能环保电池、物流等产业迈进。依靠三次转型"创业"，皇城村经济发展步入快车道。村民在企业里都有股份，"家里有土地、外面有生意"。

村支书介绍，现在皇城村的第二产业和第三产业比例各占一半，深圳、北京都有产业，仍有较大的发展后劲。"皇城村还要加快向高端制造业、服务业转型，必须全面提高人的素质，这是我们当前面临的最大问题。"

"农村要实现现代化，离不开城镇化、工业化和信息化。"村支书告诉记者，为了建设好"四化"，皇城村下大力气提升人口素质。村里的孩子上大学、研究生，包括出国留学都免费。"不管他们读完书回不回皇城村来，都是我们为建设小康社会出的一份力。"

意识形态安全的"维护之难"。当今世界，各种思想文化交流交融更加频繁、交锋更加激烈，维护国家意识形态安全的任务更加艰巨，增强国家软实力和意识形态影响力的要求更加紧迫。经过三十多年的改革开放，中国与世界主要大国建立的长期稳定健康发展的新型大国关系取得新进展，中国维护国际安全与国内安全的能力进一步提高，中国特色社会主义制度进一步巩固。与此同时，中国与少数大国之间的结构性矛盾依然突出，中国与周边国家海洋领土问题趋于严峻，恐怖主义、网络安全、环境安全等非传统安全威胁凸显。尽管中国意识形态安全总体稳定，但在复杂的国内外环境下，"西强我弱"的国际舆论格局尚未根本改变，特别是西方国家"民主"输出、西方国家文化霸权、网络信息舆论多元传播、宗教渗透等对中国意识形态安全等构成严重威胁。其中，比较突出的问题是：西方国家利用现代传媒和文化产品输出，大肆宣扬它们的价值观念，质疑中国的改革开放，质疑中国特色社会主义的社会主义性质，对马克思主义及其中国化的主流意识形态安全构成潜在威胁；以美国为首的西方国家通过广播、出版、影视文学、教育等多种途径推行资产阶级意识形态，对中国的生活方式、文化思潮，尤其是社会主义核心价值观构成严重威胁；网络信息舆论多元传播对中国主流意识形态构成威胁，互联网突破了时空边界与意识形态封锁，一些不符合中国国情的政治理念、政治制度和各种思潮通过网络传播，冲击着中国民众的思想，冲淡了中国主流意识形态对社会的主导作用和功能的发挥，造成主流意识形态凝聚力下降，危害着社会稳定和民族团结，进而威胁到中国的国家安全；等等。应当看到，没有意识形态安全，全面建成小康社会所需的国家安全就如同海市蜃楼。要实现中国梦，必须制定科学完善的国家安全战略，以全面化解安全挑战，维护意识形态安全。

此外，世界格局进入深度调整期，新旧矛盾相互叠加，新旧力量相互博弈，世界政治、经济、社会等领域不稳定因素明显增多，世界仍然很不安宁。目前，全球经济和贸易持续低迷，各种形式的保护主义抬头，金融市场和大宗商品价格剧烈波动，世界经济复苏将是一个缓慢而复杂的过程。同时，全球发展不平衡加剧，国际金融危机对原有的经济发展模式带来很大冲击，引发全球增长方式、供需关系、治理结构大的调整变化。发达国家在经济科技上占优势的压力将长期存在，全球产业和技术革命在给我们带来机遇的同时也带来挑战。

发展永无止境，奋斗永不停歇。面对全面建成小康社会面临的来自国内外的新挑战，我们要从全局和战略的高度，统筹国内国际两个大局，牢牢抓住并充分用好可以大有作为的重要战略机遇期，沉着应对并妥善处理好各种风险和挑战，促进经济持续健康发展和社会全面进步，把我国改革开放和社会主义现代化事业不断推向前进。

第三节　全面建成小康社会的新目标新要求

在改革开放以来全面建设小康社会的实践基础上，党的十八大根据国内外形势新变化，顺应我国经济社会新发展和广大人民群众新期待，对全面建设小康社会目标进行了充实和完善，提出了更具明确政策导向、更加针对发展难题、更好顺应人民意愿的新目标新要求。

◇　一、推动"五位一体总布局"全面协调发展

党的十八大指出，建设中国特色社会主义，总布局是经济建设、政治建设、文化建设、社会建设、生态文明建设五位一体。五位一体总布局与社会主义初级阶段总依据、实现社会主义现代化和中华民族伟大复兴总任务有机统一，对进一步明确中国特色社会主义发展方向，夺取中国特色社会主义新胜利意义重大。全面小康社会的概念在中国社会主义现代化的实践中不断丰富和完善，逐渐变

得越来越准确，越来越清晰。

推动"五位一体总布局"全面协调发展是一幅描绘 2020 年中国的美好蓝图，也是一次实现中国共产党"百年目标"的圆梦之旅。从经济发展指标看：转变经济发展方式取得重大进展，在发展平衡性、协调性、可持续性明显增强的基础上，实现国内生产总值和城乡居民人均收入比 2010 年翻一番；科技进步对经济增长的贡献率大幅上升，进入创新型国家行列；工业化基本实现，信息化水平大幅提升，城镇化质量明显提高，农业现代化和社会主义新农村建设成效显著，区域协调发展机制基本形成；对外开放水平进一步提高，国际竞争力明显增强。从民主法治指标看：民主制度更加完善，民主形式更加丰富，人民积极性、主动性、创造性进一步发挥；依法治国基本方略全面落实，法治政府基本建成，司法公信力不断提高，人权得到切实尊重和保障。从文化建设指标看：社会主义核心价值体系深入人心，公民文明素质和社会文明程度明显提高；文化产品更加丰富，公共文化服务体系基本建成，文化产业成为国民经济支柱性产业，中华文化走出去迈出更大步伐，社会主义文化强国建设基础更加坚实。从人民生活指标看：基本公共服务均等化总体实现；全民受教育程度和创新人才培养水平明显提高，进入人才强国和人力资源强国行列，教育现代化基本实现；就业更加充分，收入分配差距缩小，中等收入群体持续扩大，扶贫对象大幅减少；社会保障全民覆盖，人人享有基本医疗卫生服务，住房保障体系基本形成。从资源环境指标看：主体功能区布局基本形成，资源循环利用体系初步建立；单位国内生产总值能源消耗和二氧化碳排放大幅下降，主要污染物排放总量显著减少；森林覆盖率提高，生态系统稳定性增强，人居环境明显改善。

党的十六大、十七大、十八大对小康社会的具体表述

党代会	具体表述
十六大（全面建设小康社会）	在优化产业结构和提高效益的基础上，国内生产总值到2020年力争比2000年翻两番，综合国力和国际竞争力明显增强。 社会主义民主更加完善，社会主义法制更加完备，依法治国基本方略得到全面落实，人民的政治、经济和文化权益得到切实尊重和保障。 全民族的思想道德素质、科学文化素质和健康素质明显提高，形成比较完善的现代国民教育体系、科技和文化创新体系、全民健身和医疗卫生体系。 可持续发展能力不断增强，生态环境得到改善，资源利用效率显著提高，促进人与自然和谐，推动整个社会走上生产发展、生活富裕、生态良好的文明发展道路。
十七大（全面建设小康社会）	增强发展的协调性，努力实现经济又好又快发展。实现人均国内生产总值到2020年比2000年翻两番。 扩大社会主义民主，更好保障人民权益和社会公平正义。公民政治参与有序扩大。依法治国基本方略深入落实。基层民主制度更加完善。政府提供基本公共服务能力显著增强。 加强文化建设，明显提高全民族文明素质。 加快发展社会事业，全面改善人民生活。现代国民教育体系更加完善，终身教育体系基本形成。社会就业更加充分。人人享有基本生活保障。人人享有基本医疗卫生服务。社会管理体系更加健全。 建设生态文明，基本形成节约能源资源和保护生态环境的产业结构、增长方式、消费模式。循环经济形成较大规模，可再生能源比重显著上升，主要污染物排放得到有效控制，生态环境质量明显改善。生态文明观念在全社会牢固树立。
十八大（全面建成小康社会）	经济持续健康发展。转变经济发展方式取得重大进展，在发展平衡性、协调性、可持续性明显增强的基础上，实现国内生产总值和城乡居民人均收入比2010年翻一番。 人民民主不断扩大。民主制度更加完善，民主形式更加丰富。依法治国基本方略全面落实，法治政府基本建成，司法公信力不断提高，人权得到切实尊重和保障。 文化软实力显著增强。社会主义核心价值体系深入人心，公民文明素质和社会文明程度明显提高。文化产品更加丰富，公共文化服务体系基本建成，文化产业成为国民经济支柱性产业，社会主义文化强国建设基础更加坚实。 人民生活水平全面提高。基本公共服务均等化总体实现。教育现代化基本实现。就业更加充分。收入分配差距缩小。社会保障全民覆盖，人人享有基本医疗卫生服务，住房保障体系基本形成，社会和谐稳定。 资源节约型、环境友好型社会建设取得重大进展。

全面建成的小康社会，是经济、政治、文化、社会和生态文明全面协调发展的小康社会。从"解决温饱"到"小康水平"；从"总体小康"到"全面小康"，再到发出"全面建成小康社会"的动员令——这一系列奋斗目标的提出、发展和完善，表明了我们党对什么是小康社会、如何建设小康社会认识的深化，也彰显了中国特色社会主义道路越走越宽广的历史必然性。

✧ 二、为人民美好生活而奋斗

党的十八届一中全会刚刚结束，习近平在中外记者见面会上就明确宣示："人民对美好生活的向往，就是我们的奋斗目标。"他对人民群众反映强烈的一些突出问题作了回应，表示必须下大气力解决一些党员干部中发生的贪污腐败、脱离群众、形式主义、官僚主义等问题。他坚决地说："我们一定要始终与人民心心相印、与人民同甘共苦、与人民团结奋斗，夙夜在公，勤勉工作，努力向历史、向人民交出一份合格的答卷。"这是新一届党中央对人民的庄严承诺，也是对党员领导干部团结带领群众全面建成小康社会、实现中国梦的明确工作要求。

以经济建设和改革发展为中心任务。习近平强调，只要国内外大势没有发生根本变化，坚持以经济建设为中心就不能也不应该改变。这是坚持党的基本路线一百年不动摇的根本要求，也是解决当代中国一切问题的根本要求。中国已经进入改革的深水区，需要解决的都是难啃的硬骨头，这个时候需要"明知山有虎，偏向虎山行"的勇气，不断把改革推向前进。随着全面深化改革不断推进，中国必将继续发生深刻变化，实现中国梦将面临更多更有利的条件。应当看到，中国是世界上最大的发展中国家。中国发展取得了历史性进步，经济总量已经跃升到世界第二位。作为有着13亿多人口的国家，中国用几十年的时间走完了发达国家几百年走过的发展历程，无疑是值得骄傲和自豪的。2014年习近平在比利时布鲁日欧洲学院演讲时指出："今年春节前后的40天里，中国航空、铁路、公路承载了大约36亿人次的流动，相当于每天都有9000万人在流动之中。所以，让13亿多人都过上好日子，还需要付出长期的艰苦努力。中国目前的中心任务依然是经济建设，并在经济发展的基础上推动社会全面进步。"

以民生建设和群众工作为着力点。党的十八大之后，习近平在一系列讲话中，在多次深入基层、深入群众的考察调研中，对坚持党的宗旨、做好群众工作作了深入阐释，提出了很多重要思想观点和部署要求。2013年元旦前夕，习近平冒着严寒，来到太行山深处的全国扶贫重点县河北省阜平县，看望困难群众。他盘腿坐在炕上与乡亲们拉家常，并强调对困难群众要格外关注、格外关爱、格外关心，千方百计帮助他们排忧解难。抓民生要抓住人民最关心、最直接、最现实的利益问题，抓住最需要关心的人群。保障和改善民生没有终点，只有连续不断的新起点。2013年来，多项重大民生改革举措陆续出台，社会保障体系建设、医药卫生体制改革、户籍制度改革等向纵深推进，就业优先战略加速推进，民生投入持续高于财政收入增幅，改革发展成果更多更公平惠及全体人民，体现出党中央将保障和改善民生作为施政的首要目标。

面向未来，我们党将始终把人民幸福作为发展的根本目标，以更大的精力、更多的财力和更强的能力，把公共资源配置向民生领域倾斜，重点实施好推进各级各类教育发展、推动实现更高质量就业、提升社会保障能力、加强保障性住房建设和管理等重大民生工程，让人民群众得到更多实惠，做大并分好民生"蛋糕"，使人民群众在共享"改革红利"中不断增强对党和政府的信任，对中国特色社会主义事业的信心。

以作风建设和严惩腐败为突破口。把改进工作作风、端正党风作为突破口和重中之重，是新一届中央领导集体抓群众工作的突出特点，也是持续赢得人民群众认可的重要前提。党的十八大后不久，中央政治局就作出《关于改进工作作风、密切联系群众的八项规定》，并提出要从中央领导做起，以踏石留印、抓铁有痕的劲头抓下去。随后陆续出台《党政机关厉行节约反对浪费条例》等规定，对加强作风建设提出严格具体的规定。习近平对人民群众反映强烈的餐饮浪费等各种浪费行为特别是公款浪费作出批示，要求坚决制止。他提出，要把党的群众路线教育实践活动的主要任务聚焦到作风建设上，集中解决形式主义、官僚主义、享乐主义和奢靡之风这"四风"问题。全党要按照"照镜子、正衣冠、洗洗澡、治治病"的总要求，以整风精神开展批评和自我批评，对作风之弊、行为之垢来一次大排查、大检修、大扫除。他强调，反腐倡廉必须常抓不懈，拒腐防变必须警钟长鸣，关键就在"常""长"二字，一个是要经常抓，一个是要长期抓。中央领导的率先垂范，推动了社会风气的净化。

中国社会科学院《中国反腐倡廉建设报告》（2013 版）显示，89.1% 的普通干部、87.2% 的企业人员、89.2% 的专业人员认为，党和国家反腐败比较努力和非常努力，其中企业人员和专业人员的认可度分别比 2012 年上升 10.2% 和 12.9%；73.7% 的城乡居民对未来 5 至 10 年党风廉政建设和反腐败斗争表示有信心和比较有信心，比 2012 年上升 13.7%。一系列"打虎灭蝇"的雷霆之举，推动党风廉政建设和反腐败斗争不断深入，使人民群众看到了实实在在的成效和变化，对实现中国梦更加充满信心。

延伸阅读

中央纪委监察部 2014 年上半年工作"成绩单"

2014 年 7 月，中央纪委副书记、监察部部长黄树贤就"推进党的纪律检查体制改革创新"在接受采访时披露：2014 年 1—5 月，全国纪检监察机关给予党纪政纪处分 62953 人，比上年同期增长 34.7%；各级纪检监察机关共查处违反八项规定精神的问题近 4 万起，处理 5 万多人，给予党纪政纪处分 1 万多人；对反映中管干部问题线索全面清理、分类处置，加大纪律审查力度；本轮纪委内设机构调整到位后，全国省级纪委负责案件查办的纪检监察室总数将达到 231 个，新增 61 个，增幅达 36%，保持了有腐必惩、有贪必肃的高压态势。

信心托起梦想，梦想照映现实。习近平在 2013 年的新年贺词中向全世界庄严宣告："我们推进改革的根本目的，是要让国家变得更加富强、让社会变得更加公平正义、让人民生活得更加美好"，"我们在前进的道路上，还会遇到各种风险和挑战。让老百姓过上更加幸福的生活，还有大量工作要做。我们要谦虚谨

慎、艰苦奋斗，共同谱写伟大祖国发展的时代新篇章"。我们有
理由相信，在以习近平为总书记的党中央的坚强领导下，全党始
终保持自我净化、自我完善、自我革新、自我提高的昂扬朝气和
良好作风，切实推动党风政风和党群干群关系明显好转，我们一
定能够在全面建成小康社会的基础上早日实现中华民族伟大复兴
的中国梦！

▌ 本章小结 ▌ ⋯⋯⋯⋯⋯

　　我们党在不同历史时期，总是根据人民意愿和事业发展需要，
提出富有感召力的奋斗目标，团结带领人民为之奋斗。党的十八大
根据国内外形势新变化，顺应我国经济社会新发展和广大人民群众
新期待，对全面建设小康社会目标进行了充实和完善，提出了更具
明确政策导向、更加针对发展难题、更好顺应人民意愿的新目标新
要求。现阶段，我国正处于全面建成小康社会的决定性阶段。综观
国际国内大势，我国发展仍处于可以大有作为的重要战略机遇期。
同时，经济建设、政治建设、文化建设、社会建设、生态建设等
领域面临多方面的新情况、新问题和新挑战。为此，我们必须高
举中国特色社会主义伟大旗帜，在新的历史起点上，加快完善社
会主义市场经济体制和加快转变经济发展方式，坚持走中国特色
社会主义政治发展道路和推进政治体制改革，扎实推进社会主义
文化强国建设，在改善民生和创新管理中加强社会建设，大力推
进生态文明建设，全面提高党的建设科学化水平，为全面建成小
康社会，并在此基础上为建成富强民主文明和谐的社会主义现代
化国家、实现中国梦而奋斗。

思考题

1. 小康社会理论是如何形成和发展的?

2. 如何理解全面建成小康社会与中国梦的关系?

3. 全面建成小康社会面临哪些新机遇新挑战?

4. 党的十八大对全面建成小康社会提出了哪些新目标新要求?

第 二 章

实现中国梦必须坚持科学发展

中国共产党诞生九十多年来，新中国成立六十多年来，改革开放三十多年来，我们取得了举世瞩目的伟大成就，中华民族伟大复兴展现出前所未有的光明前景。目前，我国进入转变经济发展方式的关键时期，发展仍面临不少风险和挑战。我们必须始终坚持科学发展，不断夯实全面建成小康社会、实现中国梦的物质基础。

第一节　发展仍是解决中国所有问题的关键

发展仍然是解决我国所有问题的关键。牢牢抓住和用好我国发展的重要战略机遇期，解决好经济发展中存在的不平衡、不协调、不可持续的问题，是全面建成小康社会、实现中国梦的关键所在。

❖　一、牢牢扭住经济建设这个中心

以经济建设为中心是兴国之要，是我们党、我们国家兴旺发达、长治久安的根本要求。2013 年 8 月，习近平在全国宣传思想

工作会议上指出："只要国内外大势没有发生根本变化，坚持以经济建设为中心就不能也不应该改变。这是坚持党的基本路线 100 年不动摇的根本要求，也是解决当代中国一切问题的根本要求。"只有推动经济又好又快发展，才能筑牢国家发展繁荣的强大物质基础，才能筑牢全国各族人民幸福安康的强大物质基础，才能筑牢中华民族伟大复兴的强大物质基础。改革开放三十多年来，我们坚持以经济建设为中心，推动社会生产力以前所未有的速度发展起来，这是我国综合国力、人民生活水平、国际地位大幅度提升的根本原因。今后，我们必须继续牢牢坚持发展是硬道理的战略思想，牢牢扭住经济建设这个中心，决不能有丝毫动摇。

生产力是人类社会发展的根本动力。牢牢扭住经济建设这个中心，实质上就是不断解放和发展社会生产力。毛泽东指出："中国一切政党的政策及其实践在中国人民中所表现的作用的好坏、大小，归根到底，看它对于中国人民的生产力的发展是否有帮助及其帮助之大小，看它是束缚生产力的，还是解放生产力的。"[1]1992年，邓小平在南方谈话中指出："社会主义的本质，是解放生产力，发展生产力，消灭剥削，消除两极分化，最终达到共同富裕。"[2] 解放和发展社会生产力，是中国特色社会主义的根本任务，是在新的历史条件下夺取中国特色社会主义新胜利必须牢牢把握的基本要求之一。坚持解放和发展社会生产力，就是要坚持以经济建设为中心，以科学发展为主题，全面推进经济建设、政治建设、文化建设、社会建设、生态文明建设，实现以人为本、全面协调可持续的科学发展。

---

① 《毛泽东选集》第三卷，人民出版社 1991 年版，第 1079 页。
② 《邓小平文选》第三卷，人民出版社 1993 年版，第 373 页。

在当代中国，坚持发展是硬道理的本质要求就是坚持科学发展。我们要以科学发展为主题，以加快转变经济发展方式为主线，要以提高经济增长质量和效益为中心，稳中求进，开拓创新，进一步深化改革开放，进一步强化创新驱动，实现经济持续健康发展和社会和谐稳定，不断在生产发展、生活富裕、生态良好的文明发展道路上取得新的更大的成绩。

◇　二、把握发展规律、创新发展理念、破解发展难题

当前，我国经济社会发展基本面是健康的。但是，我们既要看到国际国内形势中有利的一面，也要看到不利的一面，从坏处着想，进一步把握发展规律、创新发展理念、破解发展难题，争取较好的结果。

首先，要始终把实现好、维护好、发展好最广大人民根本利益作为党和国家一切工作的出发点和落脚点。我们党领导人民全面建设小康社会、进行改革开放和社会主义现代化建设的根本目的，就是要通过发展社会生产力，不断提高人民物质文化生活水平，促进人的全面发展。检验我们一切工作的成效，最终都要看人民是否真正得到了实惠，人民生活是否真正得到了改善，这是坚持立党为公、执政为民的本质要求，是党和人民事业不断发展的重要保证。我们一定要坚持从维护最广大人民根本利益的高度，多谋民生之利，多解民生之忧，在学有所教、劳有所得、病有所医、老有所养、住有所居上持续取得新进展。

其次，要全面落实经济建设、政治建设、文化建设、社会建设、生态文明建设五位一体总体布局。在前进道路上，我们一定要

坚持以科学发展为主题、以加快转变经济发展方式为主线，切实把推动发展的立足点转到提高质量和效益上来，促进新型工业化、信息化、城镇化、农业现代化同步发展。要坚定不移走中国特色社会主义政治发展道路，坚持党的领导、人民当家作主、依法治国有机统一，以保证人民当家作主为根本，以增强党和国家活力、调动人民积极性为目标。要坚持走中国特色社会主义文化发展道路，推动社会主义文化大发展大繁荣。我们要继续加强社会建设，切实推进各项社会事业，加强和创新社会治理，使发展成果更多更公平惠及全体人民。我们要继续推进生态文明建设，坚持节约资源和保护环境的基本国策，把生态文明建设放到现代化建设全局的突出地位，确保中华民族永续发展，为全球生态安全作出我们应有的贡献。

最后，要正确认识和妥善处理中国特色社会主义事业中的重大关系。我们要统筹改革发展稳定、内政外交国防、治党治国治军各方面工作，统筹城乡发展、区域发展、经济社会发展、人与自然和谐发展、国内发展和对外开放，统筹各方面利益关系，充分调动各方面积极性，努力形成全体人民各尽其能、各得其所而又和谐相处的局面。

第二节　坚持科学发展不断增强长期发展后劲

党的十八大指出："在当代中国，坚持发展是硬道理的本质要求就是坚持科学发展。以科学发展为主题，以加快转变经济发展方式为主线，是关系我国发展全局的战略抉择。"要适应国内外经济形势新变化，加快形成新的经济发展方式，把推动发展的立足点转到提高质量和效益上来，不断增强长期发展后劲。

❖　一、实施创新驱动发展战略

创新是一个民族进步的灵魂，是一个国家兴旺发达的不竭动力，也是中华民族最深沉的民族禀赋。实施创新驱动发展战略决定着中华民族的前途命运。科技是国家强盛之基，创新是民族进步之魂。科技兴则民族兴，科技强则国家强。科技创新已经成为提高社会生产力和综合国力的战略支撑，必须摆在国家发展全局的核心位置。全党全社会都要充分认识科技创新的巨大作用，敏锐把握世界科技创新发展趋势，紧紧抓住和用好新一轮科技革命和产业变革的机遇，把创新驱动发展作为面向未来的一项重大战略实施好。

从全球范围看，创新驱动是大势所趋。从国内看，创新驱动是形势所迫。我国经济总量已跃居世界第二位，同时，我国人口、资源、环境压力越来越大。我们要推动新型工业化、信息化、城镇化、农业现代化同步发展，必须及早转入创新驱动发展轨道，把科技创新潜力更好释放出来，充分发挥科技进步和创新的作用。要坚决扫除影响科技创新能力提高的体制障碍，有力打通科技和经济转移转化的通道，优化科技政策供给，完善科技评价体系。要优先支持促进经济发展方式转变、开辟新的经济增长点的科技领域，重点突破制约我国经济社会可持续发展的瓶颈问题，加强新兴前沿交叉领域部署。要最大限度调动科技人才创新积极性，尊重科技人才创新自主权，大力营造勇于创新、鼓励成功、宽容失败的社会氛围。

要实现科技创新，就要深化科技体制改革，破除一切制约科技

▲ 武汉东湖国家自主创新示范区依靠科技创新驱动经济转型　（新华社记者　程敏／摄）

创新的思想障碍和制度藩篱，处理好政府和市场的关系，推动科技和经济社会发展深度融合，打通从科技强到产业强、经济强、国家强的通道，以改革释放创新活力，加快建立健全国家创新体系，让一切创新源泉充分涌流。一是着力推动科技创新与经济社会发展紧密结合。关键是要处理好政府和市场的关系，让市场真正成为配置创新资源的力量，让企业真正成为技术创新的主体。二是着力增强自主创新能力。关键是要大幅提高自主创新能力，努力掌握关键核心技术。三是着力完善人才发展机制。创新的事业呼唤创新的人才。要在创新实践中发现人才、在创新活动中培育人才、在创新事业中凝聚人才，改革人才培养、引进、使用等机制，打通人才流动、使用、发挥作用中的体制机制障碍，最大限度支持和帮助科技人员创新创业。四是着力营造良好政策环境。完善推动企业技术创新的税收政策，加大资本市场对科技型企业的支持力度。五是着力扩大科技开放合作。充分利用全球创新资源，同国际科技界携手努力为应对全球共同挑战作出应有贡献。总之，我们要坚持走中国特色自主创新道路，以全球视野谋划和推动创新，促进创新资源高效配置和综合集成，把全社会智慧和力量凝聚到创新发展上来，实现从以要素驱动、投资规模驱动发展为主转向以创新驱动发展为主。

✧ 二、推进经济结构战略性调整

近年来，我国经济平稳较快发展，经济结构调整取得一些新进展，有力促进了经济发展方式转变。但是，当前经济发展中结构失衡问题仍较突出，某些方面的矛盾甚至还在加剧，是阻碍经济发展方式加快转变的重大障碍。其主要表现：一是需求结构不合理，消费率偏低，经济增长对投资的依赖程度仍然偏高。二是产业结构不合理，服务业比重偏低，制造业多处于国际产业价值链的中低端。三是区域经济发展不协调，生产力布局不尽合理，资源配置效率低。四是城镇化特别是人口城镇化滞后，制约内需扩大。经济结构不合理是经济发展方式转变滞后的主要原因。

加快推进经济结构战略性调整是大势所趋，刻不容缓。我们要保持清醒头脑，深刻认识和高度重视经济运行中的突出矛盾和问题，深刻认识和全面把握国际经济形势，坚持底线思维，继续大胆探索、扎实工作，坚定不移推进体制创新、科技创新，落实创新驱动发展战略，推动经济发展方式转变，推进经济结构战略性调整，为推动科学发展增添新动力。

延伸阅读

从"转变经济增长方式"到"转变经济发展方式"

"九五"计划中提出要实现经济增长方式从粗放型向集约型转变，由高强度的投资、高强度的资源使用转向更多地依靠技术创新、依靠提高综合生产率、依靠经济结构的调整取得经济的可持续发展。党的十七大提出："促进经济增长由主要依靠投资、出口拉动向依靠消费、投资、出口协调拉动转变，由主要依靠第二产业带动向依靠第一、第二、第三产业协同带动转变，由主要依靠增加物质资源消耗向主要依靠科技进步、劳动者素质提高、管理创新转变。"十七届五中全会通过的《中共中央关于制定国民经济和社会发展第十二个五年规划的建议》中以五个方面"坚持"对加快转变经济发展方式提出了基本要求，指明了加快转变经济发展方式的努力方向和工作重点。

当前，我国具备经济持续健康发展的基础条件。我们要处理好具有全局性影响的问题，把推进经济结构战略性调整作为加快转变经济发展方式的主攻方向，以改善需求结构、优化产业结构、促进区域协调发展、推进城镇化为重点，着力解决制约经济持续健康发展的重大结构性问题。坚定不移化解产能过剩，不折不扣执行好中央化解产能过剩的决策部署。要牢牢把握扩大内需这一战略基点，扩大国内市场规模。牢牢把握发展实体经济这一坚实基础，强化需求导向，推动战略性新兴产业、先进制造业健康发展，加快传统产业转型升级，推动服务业特别是现代服务业成长壮大；合理布局建设基础设施和基础产业；推进信息网络技术广泛运用；提高大中型企业核心竞争力，支持小微企业特别是科技型小微企业发展；创造环境，使企业真正成为创新主体。继续实施区域发展总体战略，充分发挥各地区比较优势。科学规划城市群规模和布局，加快改革户籍制度，有序推进农业转移人口市民化。

✧ 三、推动城乡发展一体化

大力推进城乡区域协调发展，不仅是国土空间均衡布局发展的需要，而且是走共同富裕道路的需要，也是全面建成小康社会、实现中国梦的基本要求。没有农村的全面小康和欠发达地区的全面小康，就没有全国的全面小康。必须坚持发展是硬道理的战略思想，加大统筹城乡发展、区域统筹发展力度，加大对欠发达地区和农村的扶持力度，促进新型工业化、信息化、城镇化、农业现代化同步发展，推动城乡一体化，实现城乡协调互动发展，逐步缩小城乡区域发展差距，促进城乡区域共同繁荣。

解决好农业农村农民问题是全党工作重中之重，城乡发展一体化是解决"三农"问题的根本途径。从目前我国经济发展的阶段看，已具备统筹城乡发展的现实条件。城乡关系一般是与工业化进程密切相关的。工业化通常经过三个阶段，即依靠农业积累建立工业化基础的初期阶段，工农业协调发展的中期阶段，以及工业支持农业发展的实现阶段。有关统计指标显示，目前我国已进入工业化中期阶段。未来20年，如果发展战略和政策选择得当，工业化和城镇化的快速发展将为解决我国"三农"问题提供难得的机遇；如果继续将农民排斥在工业化和城镇化进程之外，我国经济的结构性矛盾将更加突出和尖锐，也会使解决"三农"问题的难度陡然增大。因此，在这一关键时期，党中央、国务院提出统筹城乡发展，既与这一阶段我国城乡关系的实际相适应，又具有重要的战略意义。

推动城乡发展一体化，要坚持工业反哺农业、城市支持农村和多予少取放活方针，加大强农惠农富农政策力度，让广大农民平等参与现代化进程、共同分享现代化成果。加快发展现代农业，增强农业综合生产能力，确保国家粮食安全和重要农产品有效供给。坚持把国家基础设施建设和社会事业发展重点放在农村，深入推进新农村建设和扶贫开发，全面改善农村生产生活条件。着力促进农民增收，保持农民收入持续较快增长。坚持和完善农村基本经营制度，依法维护农民土地承包经营权、宅基地使用权、集体收益分配权，壮大集体经济实力，发展农民专业合作和股份合作，培育新型经营主体，发展多种形式规模经营，构建集约化、专业化、组织化、社会化相结合的新型农业经营体系。改革征地制度，提高农民在土地增值收益中的分配比例。加快完善城乡发展一体化体制机制，着力在城乡规划、基础设施、公共服务等方面推进一体化，促进城乡要素平等交换和公共资源均衡配置，形成以工促农、以城带乡、工农互惠、城乡一体的新型工农、城乡关系。

延伸阅读

以人为核心的城镇化

党的十八届三中全会《中共中央关于全面深化改革若干重大问题的决定》明确提出"推进以人为核心的城镇化"。

2013 年年底中央城镇化工作会议进一步要求"要以人为本，推进以人为核心的城镇化，提高城镇人口素质和居民生活质量,把促进有能力在城镇稳定就业和生活的常住人口有序实现市民化作为首要任务"。《国家新型城镇化规划(2014—2020 年)》明确将"以人的城镇化为核心"作为指导思想和基本原则的重要内容。以往的城镇化,更主要是以土地为核心,表现为在行政权力和资本推动下,将农村土地征收为国有的城市建设用地,城市面积像"摊大饼"一样逐步膨胀,造成诸多经济社会问题。以人为核心的城镇化,更多关注农村居民如何变成城镇居民,更能保障城镇化进程中每个人的利益,更能彰显以人为本,这需要通过完善的制度安排,让农民既能够"进得来"城市,也能够在城市"立得稳""过得好"。

推动城乡发展一体化,要坚持走中国特色新型城镇化道路,推进以人为核心的城镇化,推动大中小城市和小城镇协调发展、产业和城镇融合发展,促进城镇化和新农村建设协调推进。优化城市空间结构和管理格局,增强城市综合承载能力。《国家新型城镇化规划(2014—2020 年)》明确指出:城镇化是解决农业农村农民问题的重要途径。我国农村人口过多、农业水土资源紧缺,在城乡二元体制下,土地规模经营难以推行,传统生产方式难以改变,这是"三农"问题的根源。我国人均耕地仅 0.1 公顷,农户户均土地经营规模约 0.6 公顷,远远达不到农业规模化经营的门槛。城镇化总体上有利于集约节约利用土地,为发展现代农业腾出宝贵空间。随着农村人口逐步向城镇转移,农民人均资源占有量相应增加,可以促进农业生产规模化和机械化,提高农业现代化水平和农民生活水平。城镇经济实力提升，会进一步增强以工促农、以城带乡能力，加快农村经济社会发展。

✧ 四、全面提高开放型经济水平

实现"两个一百年"的奋斗目标，需要我们在更大范围、更宽领域、更深层次上提高开放型经济水平，给中国经济源源不断注入新的活力和动力。

当前，国际社会日益成为一个你中有我、我中有你的命运共同体。面对世界经济的复杂形势和全球性问题，任何国家都不可能独善其身、一枝独秀，这就要求各国同舟共济、和衷共济，在追求本国利益时兼顾他国合理关切，在谋求本国发展中促进各国共同发展，建立更加平等均衡的新型全球发展伙伴关系，增进人类共同利益，共同建设一个更加美好的地球家园。适应经济全球化新形势，我国必须实行更加积极主动的开放战略，创建新的竞争优势，完善互利共赢、多元平衡、安全高效的开放型经济体系，全面提升开放型经济水平，为世界作出更大贡献。

ⓘ＿ 案 例 ＿

广西全力打造中国—东盟开放合作先行示范区①

党的十八大强调，"坚持与邻为善、以邻为伴，巩

---

① 参见《人民日报》2013 年 2 月 27 日。

固睦邻友好，深化互利合作，努力使自身发展更好惠及周边国家"。2008 年 1 月，国务院批准实施《广西北部湾经济区发展规划》，明确提出把广西北部湾经济区建设成为中国—东盟开放合作的物流基地、商贸基地、加工制造基地和信息交流中心。2008 年以来，广西初步形成了以北部湾港为基地的中国—东盟港口城市合作网络，拥有以南宁为基点的中国—东盟博览会合作渠道，并加入以崇左、玉林为后方的中国—东盟交通物流合作平台，形成了海陆空三位一体的面对东盟合作新前沿、新高点。

尤其是 2010 年 1 月中国—东盟自由贸易区正式建成以来，广西与东盟之间的合作关系不断深化。2013 年，广西对东盟进出口 159.1 亿美元，同比增长 32.1%，占同期广西外贸进出口总值的 48.4%。广西对越南进出口占比为 79.8%，对马来西亚、新加坡进出口实现倍增。2014 年 1—2 月，广西对东盟出口 139.3 亿元，增长 83.3%。广西与东盟各国在各领域建立的合作交流不断深化，已与 30 个国家缔结了 69 对友城关系，数量位居全国第十，西部省区市第一。东盟已连续 14 年成为广西第一大贸易伙伴，连续多年成为广西第二大利用外资来源地和广西企业"走出去"的重点地区。

为强化与东盟交流合作，广西在提升开放开发水平上不断努力与探索：一是着力打造合作平台。办好中国—东盟博览会、商务与投资峰会，加强泛北部湾经济合作论坛总体设计，加快建设东兴国家重点开发开放试验区、南宁国家内陆开放型经济战略高地。二是着力加快互联互通。继续加强公路、铁路、港口、机场、口岸建设，完善出海出边国际大通道。三是着力参与和推进次区域合作。大力推动泛北部湾经济合作和南宁—新加坡经济走廊建设，积极参与大湄公河、中越"两廊一圈"合作，全面拓展与东盟的"海陆合作"。四是着力推进综合配套改革。深化市场体系、土地管理制度、金融创新等方面改革，加速贸易自由化、投资便利化，增强对东盟开放活力。

全面提高开放型经济水平，要加快转变对外经济发展方式，推动开放朝着优化结构、拓展深度、提高效益方向转变。创新开放模式，促进沿海内陆沿边开放优势互补，形成引领国际经济合作和竞争的开放区域，培育带动区域发展的开放高地。坚持出口和进口并重，强化贸易政策和产业政策协调，形成以技术、品牌、质量、服务为核心的出口竞争新优势，促进加工贸易转型升级，发展服务贸易，推动对外贸易平衡发展。提高利用外资综合优势和总体效益，推动引资、引技、引智有机结合。加快"走出去"步伐，增强企业国际化经营能力，培育一批世界水平的跨国公司。统筹双边、多边、区域次区域开放合作，加快实施自由贸易区战略，推动同周边国家互联互通，提高抵御国际经济风险能力。党的十八届三中全会更是进一步明确指出，"推进丝绸之路经济带、海上丝绸之路建设，形成全方位开放新格局"，这必将推动中西部省份等内陆地区对外开放，进一步提升我国对外开放和与周边国际区域合作的水平。

📖 **延伸阅读** ....

上海自由贸易试验区

2013 年 8 月 22 日国务院正式批准设立上海自由贸易区，9 月 27 日《中国（上海）自由贸易试验区总体方案》公布。上海自由贸易区的机制创新主要表现在两方面：一是实行负面清单管理模式，二是外商投资项目由核准制改为备案制。相较于设立在广东的粤港澳自由贸易园区，上海自由贸易区属于国际性及双边性自贸区，侧重于金融改革试点；而粤港澳自由贸易园区属于区域性自贸区，

▲ 中国（上海）自由贸易试验区

着眼于广东省与香港、澳门两地的经济联系，更侧重于珠三角地区经济整合。国家批准设立上海自由贸易试验区，标志着我国区域性的国际合作平台建设迈上了新的历史台阶。

第三节　努力推动科学发展取得新突破

"天地之间，莫贵于人。"既要"见物"又要"见人"，是推动科学发展的基本要求。面对人民群众过上美好生活的期盼，必须把推进依法治国、推动文化事业全面繁荣、保障和改善民生、改革创新社会体制、保护生态环境放在更加突出重要的位置，努力实现科学发展新突破。

◇　一、走中国特色社会主义法治道路，建设社会主义法治国家

全面建成小康社会、实现中华民族伟大复兴的中国梦，全面深化改革、完善和发展中国特色社会主义制度，提高党的执政能力和执政水平，必须全面推进依法治国。党的十八届四中全会审议通过了《中共中央关于全面推进依法治国若干重大问题的决定》，该决定提出全面推进依法治国，总目标是建设中国特色社会主义法治体系，建设社会主义法治国家。

全面推进依法治国，必须贯彻落实党的十八大和十八届三

中、四中全会精神，高举中国特色社会主义伟大旗帜，以马克思列宁主义、毛泽东思想、邓小平理论、"三个代表"重要思想、科学发展观为指导，深入贯彻习近平系列重要讲话精神，坚持党的领导、人民当家作主、依法治国有机统一，坚定不移走中国特色社会主义法治道路，坚决维护宪法法律权威，依法维护人民权益、维护社会公平正义、维护国家安全稳定，为实现"两个一百年"奋斗目标、实现中华民族伟大复兴的中国梦提供有力法治保障。

全面推进依法治国，要在中国共产党领导下，坚持中国特色社会主义制度，贯彻中国特色社会主义法治理论，形成完备的法律规范体系、高效的法治实施体系、严密的法治监督体系、有力的法治保障体系，形成完善的党内法规体系，坚持依法治国、依法执政、依法行政共同推进，坚持法治国家、法治政府、法治社会一体建设，实现科学立法、严格执法、公正司法、全民守法，促进国家治理体系和治理能力现代化。实现依法治国总目标，必须坚持中国共产党的领导，坚持人民主体地位，坚持法律面前人人平等，坚持依法治国和以德治国相结合，坚持从中国实际出发。

全面推进依法治国，必须建设中国特色社会主义法治体系，建设社会主义法治国家，完善以宪法为核心的中国特色社会主义法律体系，加强宪法实施；深入推进依法行政，加快建设法治政府；保证公正司法，提高司法公信力；增强全民法治观念，推进法治社会建设；加强法治工作队伍建设；加强和改进党对全面推进依法治国的领导。

要把思想和行动统一到中央关于全面深化改革、全面推进依法治国重大决策部署上来，积极投身全面推进依法治国伟大实践，开拓进取，扎实工作，为建设法治中国而奋斗。

◇　二、建设社会主义文化强国，增强国家文化软实力

全面建成小康社会、实现中国梦，必须建设社会主义文化强国，增强国家文化软实力。要坚持社会主义先进文化前进方向，坚持中国特色社会主义文化发展道路，培育和践行社会主义核心价值观，巩固马克思主义在意识形态领域的指导地位，巩固全党全国各族人民团结奋斗的共同思想基础。要坚持以人民为中心的工作导向，坚持把社会效益放在首位、社会效益和经济效益相统一，以激发全民族文化创造活力为中心环节，进一步深化文化体制改革。

文化体制改革是我国社会主义改革开放的重要组成部分，是发展和完善中国特色社会主义制度的重大战略任务。要完善文化管理体制，按照政企分开、政事分开原则，推动政府部门由办文化向管文化转变，推动党政部门与其所属的文化企事业单位进一步理顺关系。建立党委和政府监管国有文化资产的管理机构，实行管人管事管资产管导向相统一。要明确不同文化事业单位功能定位，建立法人治理结构，完善绩效考核机制。推动公共图书馆、博物馆、文化馆、科技馆等组建理事会，吸纳有关方面代表、专业人士、各界群众参与管理。引入竞争机制，推动公共文化服务社会化发展。鼓励社会力量、社会资本参与公共文化服务体系建设，培育文化非营利组织。

建立健全现代文化市场体系。完善文化市场准入和退出机制，鼓励各类市场主体公平竞争、优胜劣汰，促进文化资源在全国范围

内流动。鼓励非公有制文化企业发展，降低社会资本进入门槛。支持各种形式小微文化企业发展。建立多层次文化产品和要素市场，鼓励金融资本、社会资本、文化资源相结合。完善文化经济政策，扩大政府文化资助和文化采购，加强版权保护。健全文化产品评价体系，改革评奖制度，推出更多文化精品。

构建现代公共文化服务体系。建立公共文化服务体系建设协调机制，统筹服务设施网络建设，促进基本公共文化服务标准化、均等化。建立群众评价和反馈机制，推动文化惠民项目与群众文化需求有效对接。整合基层宣传文化、党员教育、科学普及、体育健身等设施，建设综合性文化服务中心。

提高文化开放水平。坚持政府主导、企业主体、市场运作、社会参与，扩大对外文化交流，使文化交流在更多的层面上、更广阔的范围内进行。加强国际传播能力和对外话语体系建设，使中国思想、中国价值观不断在世界范围内得到扩展，推动中华文化走向世界。中国永远要做学习大国，积极吸收借鉴国外一切优秀文化成果，引进有利于我国文化发展的人才、技术、经营管理经验。切实维护国家文化安全，使国家的主流意识形态不断得到巩固。

✧ 三、推进社会事业改革创新，实现发展成果 更多更公平惠及全体人民

实现发展成果更多更公平惠及全体人民，必须加快社会事业改革，解决好人民最关心最直接最现实的利益问题，努力为社会提供多样化服务，更好满足人民需求。

第一，突出抓好教育领域综合改革。《国家中长期教育改革和

发展规划纲要（2010—2020年）》确立了"到2020年，基本实现教育现代化，基本形成学习型社会，进入人力资源强国行列"的目标，提出要实现更高水平的普及教育，形成惠及全民的公平教育，健全充满活力的教育体制，构建体系完备的终身教育，提供更加丰富的优质教育。改革开放三十多年来，我国教育事业取得了长足发展，但是教育发展总体水平仍然不高，一些深层次的矛盾和问题严重制约着教育的全面、协调、可持续发展。有效解决这些矛盾和问题，是教育发展方式转变的题中应有之义，也是教育事业科学发展的内在要求。一是健全家庭经济困难学生资助体系，构建利用信息化手段扩大优质教育资源覆盖面的有效机制，逐步缩小区域、城乡、校际差距。二是统筹城乡义务教育资源均衡配置，义务教育免试就近入学，实行公办学校标准化建设和校长教师交流轮岗，破解择校难题。三是加快现代职业教育体系建设，深化产教融合、校企合作，培养高素质劳动者和技能型人才。四是创新高校人才培养机制，促进高校办出特色、争创一流。五是推进学前教育、特殊教育、继续教育改革发展。六是推进考试招生制度改革，形成分类考试、综合评价、多元录取的考试招生模式，健全促进公平、科学选才、监督有力的体制机制。改进招生计划分配方式，改革招生录取机制，改革监督管理机制，探索招生和考试相对分离、学生考试多次选择、学校依法自主招生、专业机构组织实施、政府宏观管理、社会参与监督的运行机制，从根本上解决一考定终身的弊端。七是深入推进管办评分离，扩大省级政府教育统筹权和学校办学自主权，完善学校内部治理结构。八是健全政府补贴、政府购买服务、助学贷款、基金奖励、捐资激励等制度，鼓励社会力量兴办教育，委托社会组织开展教育评估监测。

教育事业发展主要目标

指　标	单　位	2009 年	2015 年	2020 年
学前教育				
幼儿在园人数	万人	2658	3400	4000
九年义务教育				
在校生	万人	15772	16100	16500
巩固率	%	90.8	93.0	95.0
高中阶段教育（含中职）				
在校生	万人	4624	4500	4700
毛入学率	%	79.2	87.0	90.0
职业教育				
中等职业教育在校生	万人	2179	2250	2350
高等职业教育在校生	万人	1280	1390	1480
高等教育（含高职）				
在学总规模	万人	2979	3350	3550
在校生	万人	2826	3080	3300
其中：研究生	万人	140	170	200
毛入学率	%	24.2	36.0	40.0
继续教育				
从业人员继续教育	万人次	16600	29000	35000

资料来源：《国家中长期教育改革和发展规划纲要（2010—2020 年）》。

第二，突出抓好就业创业体制机制。改善民生的第一件大事就是保障就业。解决好群众的就业创业问题，就解决了民生的根本问题。一是建立经济发展和扩大就业的联动机制，健全政府促进就业责任制度。二是健全促进就业公平的体制机制。要消除城乡、行业、身份、性别等一切影响平等就业的制度障碍和就业歧视，完善城乡均等的公共就业服务体系。三是创新扶持创业的体制机制。要完善扶持创业的优惠政策，形成政府激励创业、社会支持创业、劳动者勇于创业新机制。四是增强失业保险制度预防失业、促进就业功能。五是创新劳动关系协调机制，畅通职工表达合理诉求渠道。六是促进以高校毕业生为重点的青年就业和农村转移劳动力、城镇困难人员、退役军人就业。

第三，突出抓好社会保障制度建设。改革开放以来，我国社会保障体系建设取得了历史性进展，现代社会保障制度框架初步形成。但从总体上看，我国社会保障体系还不够完善。做好当前和今后一段时期的社会保障工作，要进一步明确各级政府所承担的社会保障责任，健全社会保障财政投入制度，完善社会保障预算制度；建立健全合理兼顾各类人员的社会保障待遇确定和正常调整机制；加强社会保险基金投资管理和监督，推进基金市场化、多元化投资运营；推进城乡最低生活保障制度统筹发展；研究制定渐进式延迟退休年龄政策；加快健全社会保障管理体制和经办服务体系；制定实施免税、延期征税等优惠政策，加快发展企业年金、职业年金、商业保险，构建多层次社会保障体系。

第四，突出抓好医药卫生体制改革。随着我国经济社会的发展，人民群众对生活质量和健康的要求越来越高。当前，人民群众对"看病难""看病贵"的反映还比较强烈。因此，深化医药卫生体制改革势在必行。要统筹推进医疗保障、医疗服务、公共卫生、药品供应、监管体制综合改革。深化基层医疗卫生机构综合改革，健全网络化城乡基层医疗卫生服务运行机制。加快公立医院改革，落实政府责任。鼓励社会办医，优先支持举办非营利性医疗机构。

◇ 四、创新社会治理体制，全面推进平安中国建设

习近平强调，平安是人民幸福安康的基本要求，是改革发展的

基本前提。要深入贯彻落实党的十八大精神，把平安中国建设置于中国特色社会主义事业发展全局中来谋划，紧紧围绕"两个一百年"奋斗目标，把人民群众对平安中国建设的要求作为努力方向，坚持源头治理、系统治理、综合治理、依法治理，努力解决深层次问题，着力建设平安中国，确保人民安居乐业、社会安定有序、国家长治久安。

创新社会治理，必须着眼于维护最广大人民根本利益，最大限度增加和谐因素，增强社会发展活力，提高社会治理水平，全面推进平安中国建设，维护国家安全，确保人民安居乐业、社会安定有序。

党和政府历来高度重视社会治安综合治理。从20世纪90年代初开始，党中央、国务院及时总结人民群众的伟大创造，提出了社会治安综合治理方针，找到了一条解决社会治安问题、维护社会稳定、实现长治久安的根本途径。1991年2月19日，党中央、国务院作出了《关于加强社会治安综合治理的决定》，指出社会治安综合治理的工作范围主要包括"打击、防范、教育、管理、建设、改造"六个方面，提出了标本兼治、重在治本的方针。全国人大常委会随后也作出了《关于加强社会治安综合治理的决定》，奠定了社会治安综合治理的政策和法律基础。1997年党的十五大对社会治安综合治理，提出了"打防结合，预防为主"的方针。2001年，党中央、国务院又下发了《关于进一步加强社会治安综合治理的意见》，为新时期社会治安综合治理工作进一步提供了行动指南。2006年10月，由中央政法委、中央综治委、新华社联合主办的专门宣传平安建设的网站——"中国平安网"应运而生。建设平安中国成为全国各条战线、各行各业的宏大的社会实践。

　　坚持系统治理，加强党委领导，发挥政府主导作用，鼓励和支持社会各方面参与，实现政府治理和社会自我调节、居民自治良性互动。坚持依法治理，加强法治保障，运用法治思维和法治方式化解社会矛盾。坚持综合治理，强化道德约束，规范社会行为，调节利益关系，协调社会关系，解决社会问题。坚持源头治理，标本兼治、重在治本，以网格化管理、社会化服务为方向，健全基层综合服务管理平台，及时反映和协调人民群众各方面各层次利益诉求。创新有效预防和化解社会矛盾体制。健全重大决策社会稳定风险评估机制。建立畅通有序的诉求表达、心理干预、矛盾调处、权益保障机制，使群众问题能反映、矛盾能化解、权益有保障。

　　加强和创新社会治理，关键在体制创新，核心是人，只有人与人和谐相处，社会才会安定有序。社会治理的重心必须落到城乡社区，社区服务和管理能力强了，社会治理的基础就实了。要深入调研治理体制问题，深化拓展网格化管理，尽可能把资源、服务、管理放到基层，使基层有职有权有物，更好为群众提供精准有效的服务和管理。

◇　五、建设美丽中国，实现中华民族永续发展

　　建设生态文明，是关系人民福祉、关乎民族未来的长远大计。建设美丽中国，是全面建成小康社会、实现中国梦的重要内容。面对资源约束趋紧、环境污染严重、生态系统退化的严峻形势，必须树立尊重自然、顺应自然、保护自然的生态文明理念，把生态文明建设放在突出地位，融入经济建设、政治建设、文化建设、社会建

设备方面和全过程。习近平强调，生态环境保护是功在当代、利在千秋的事情。他要求全党都要清醒认识保护生态环境、治理环境污染的紧迫性和艰巨性，清醒认识加强生态文明建设的重要性和必要性，以对人民群众、子孙后代高度负责的态度和责任，真正下决心把环境污染治理好，把生态环境建设好，努力走向社会主义生态文明新时代，为人民创造良好的生产生活环境，努力建设美丽中国，实现中华民族永续发展。

建设生态文明，必须建立系统完整的生态文明制度体系，实行最严格的源头保护制度、损害赔偿制度、责任追究制度，完善环境治理和生态修复制度，用制度保护生态环境。要把资源消耗、环境损害、生态效益纳入经济社会发展评价体系，建立体现生态文明要求的目标体系、考核办法、奖惩机制。建立国土空间开发保护制度，完善最严格的耕地保护制度、水资源管理制度、环境保护制度。深化资源性产品价格和税费改革，建立反映市场供求和资源稀缺程度、体现生态价值和代际补偿的资源有偿使用制度和生态补偿制度。积极开展节能量、碳排放权、排污权、水权交易试点。加强环境监管，健全生态环境保护责任追究制度和环境损害赔偿制度。加强生态文明宣传教育，增强全民节约意识、环保意识、生态意识，形成合理消费的社会风尚，营造爱护生态环境的良好风气。

保护生态环境，应对气候变化，维护能源资源安全，是全球面临的共同挑战。我国将按照尊重自然、顺应自然、保护自然的理念，贯彻节约资源和保护环境的基本国策，更加自觉地推动绿色发展、循环发展、低碳发展，形成节约资源、保护环境的空间格局、产业结构、生产方式、生活方式，为子孙后代留下天蓝、地绿、水清的生产生活环境。坚持共同但有区别的责任原则、公平原则、各自能力原则，同国际社会一道积极应对全球气候变化。我国将继续承担应尽的国际义务，同世界各国深入开展生态文明领域的交流合作，推动成果分享，携手共建生态良好的地球美好家园。

▌ 本章小结 ▌ ⋯⋯⋯⋯⋯⋯

　　发展是我们党执政兴国的第一要务。在当代中国，坚持发展是硬道理的本质要求就是坚持科学发展。全面建成小康社会、实现中国梦，必须坚持以经济建设为中心，以更大的政治勇气和智慧，不失时机深化重要领域改革，坚决破除一切妨碍科学发展的思想观念和体制机制弊端，构建系统完备、科学规范、运行有效的制度体系，使各方面制度更加成熟更加定型。要加快完善社会主义市场经济体制，紧紧围绕使市场在资源配置中起决定性作用深化经济体制改革，坚持和完善基本经济制度，加快完善现代市场体系、宏观调控体系、开放型经济体系，加快转变经济发展方式，加快建设创新型国家，推动经济更有效率、更加公平、更可持续发展。加快完善文化管理体制和文化生产经营机制，形成有利于创新创造的文化发展环境。创新社会治理体制，改进社会治理方式，完善社会保障体系，增强社会发展活力，提高社会治理水平，全面推进平安中国建设，维护国家安全，确保人民安居乐业、社会安定有序。加快建立系统完整的生态文明制度体系，推动形成人与自然和谐发展现代化建设新格局。依法治国，是坚持和发展中国特色社会主义的本质要求和重要保障，是实现国家治理体系和治理能力现代化的必然要求，事关我们党执政兴国，事关人民幸福安康，事关党和国家长治久安。要全面推进依法治国，建设中国特色社会主义法治体系，建设社会主义法治国家。

思 考 题

1. 为什么说发展仍是解决我国所有问题的关键?

2. 坚持科学发展不断增强长期发展后劲需要进一步做好哪些工作?

3. 建设美丽中国的重要意义有哪些?

第 三 章

实现中国梦必须坚持改革开放

实现中国梦必须坚持和发展中国特色社会主义。中国特色社会主义之所以具有蓬勃生命力，就在于是实行改革开放的社会主义。改革开放是中国共产党在新的历史条件下领导中国人民进行的新的伟大革命，是决定当代中国命运的关键抉择。中国特色社会主义在改革开放中产生，也必将在改革开放中发展壮大。面对当前国际国内的新形势新任务，我们必须通过全面深化改革，以经济建设为中心，着力解决中国发展面临的一系列突出矛盾和问题，不断推进中国特色社会主义制度的自我完善和发展。因此，实现中国梦，必须毫不动摇地坚持改革开放的基本国策。

第一节　改革开放是决定当代中国
命运的关键一招

中国发展取得了历史性进步，经济总量跃升到世界第二位。作为有着 13 亿多人口的国家，中国用几十年的时间走完了发达国家几百年走过的发展历程，特别是改革开放以来取得了巨大成就。

但是，中国仍然是世界上最大的发展中国家，面临着错综复杂的深层次矛盾，今天的中国所进行的改革是处于攻坚期、深水区的改革。改革是由问题倒逼而产生，又在不断解决问题中深化。正如习近平所言："改革开放是决定当代中国命运的关键一招，也是决定实现'两个一百年'奋斗目标、实现中华民族伟大复兴的关键一招。"

◇ 一、改革开放是取得发展成就的关键性举措

观察和认识中国，历史和现实都要看。中华民族五千多年文明史，中国人民近代以来一百七十多年斗争史，中国共产党九十多年奋斗史，中华人民共和国六十多年发展史，改革开放三十多年探索史，这些历史一脉相承，不可割裂。1978 年，党的十一届三中全会作出了改革开放的伟大历史抉择，开启了中国经济社会发展的历史新时期。国民经济持续快速发展，国家综合实力和国际竞争力显著提升；社会主义市场经济体制初步建立，基本实现了从计划经济体制向市场经济体制的成功转型；政治体制改革稳步推进，民主法制建设取得新进步；对外开放不断扩大，全方位、宽领域、多层次的对外开放格局已经形成；社会事业全面进步，精神文明和民主法制建设取得长足发展。

改革开放以来，中国国民经济蓬勃发展、经济总量连上新台阶，综合国力和国际竞争力由弱变强，成功实现从低收入国家向中等收入国家的跨越。1979 年至 2012 年，中国经济年均增速达 9.8%，同期世界经济年均增速只有 2.8%。中国经济的起飞始于改革。家庭联产承包责任制的实施，既是改革的起点，也是发展的起点。农

▲ 20世纪50年代辽宁省沈阳市铁西区工人新村一角

▲ 2007年辽宁省沈阳市铁西新区鸟瞰图　　　　　　（新华社记者　任勇／摄）

村经济改革持续几年后，国家推动城市经济改革，进而深化国企改革，带动相关改革比如价格改革、要素市场改革等的推进。改革进一步解放了生产力，进一步推动了经济的发展。以开放促进改革，也是改革开放以来的宝贵经验之一。无论是改革开放初期的引进外资、发展加工贸易，还是加入世界贸易组织后加速融入全球化、中国企业"走出去"，开放对加快改革和发展都起到了独特的作用。中国日益融入国际市场，对外开放的广度和深度不断拓展，抓住全球化机遇一跃成为世界贸易大国。

在改革开放释放出的巨大活力激发下，中国经济总量连上新台阶。国家统计局《2013 年国民经济和社会发展统计公报》显示，中国国内生产总值（GDP）由 1978 年的 3645 亿元迅速跃升至 2013 年的 56.89 万亿元，占世界 GDP 总量的比重从 1.8% 攀升至约 12%。经济发展协调性和可持续性不断增强，门类齐全、布局合理的产业体系逐步建立，商品和服务供给能力大为增强，主要工农业产品产量跃升到世界前列。基础设施和基础产业发展取得质的飞跃，能源、交通、通信等瓶颈制约不断缓解，逐步建立较为完善的基础设施和基础产业体系并形成比较优势。中国经济总量的快速发展，使得各项人均指标也快速提升。根据世界银行数据，中国人均国民总收入由 1978 年的 190 美元上升至 2012 年的 5680 美元，按照世界银行的划分标准，已经由低收入国家跃升至上中等收入国家。人民生活大为改善，实现了从温饱不足到总体小康并向全面小康迈进的历史性跨越。改革开放极大地提高了中国人民的文化水平和文明素质，科教文卫等各项社会事业取得长足进展，经济社会发展协调性不断增强。①

1978 年以来中国经济社会发展所取得的辉煌成就表明，改革开放是中国共产党历史上一次伟大觉醒，正是这个伟大觉醒孕育了

① 参见国家统计局：《改革开放铸辉煌 经济发展谱新篇——1978 年以来我国经济社会发展的巨大变化》，《人民日报》2013 年 11 月 6 日。

新时期从理论到实践的伟大创造，这是强国之路、富民之路。必须始终把改革创新精神贯彻到治国理政各个环节，不断推进我国社会主义制度自我完善和发展。

◇ 二、只有继续改革开放才能破解发展中的问题

三十多年来，改革开放取得的最主要成果就是成功开辟了中国特色社会主义道路。中国共产党把科学社会主义基本原则同中国实际和时代特征相结合，经过几代人一以贯之的接力探索，制定实施了一整套指导现代化建设的理论和路线方针政策，成功开创、坚持、发展了中国特色社会主义。没有改革开放，就没有中国的今天，也就没有中国的明天。

沿着中国特色社会主义道路前进的中国发生了翻天覆地的变化，有效改变了贫穷落后的面貌。有观点认为，改革开放三十多年成就显著，不必再进行改革开放了。对此，2014年习近平在比利时布鲁日欧洲学院演讲时指出："中国经济总量虽大，但除以13亿多人口，人均国内生产总值还排在世界第八十位左右。中国城乡低保人口有7400多万人，每年城镇新增劳动力有1000多万人，几亿农村劳动力需要转移就业和落户城镇，还有8500多万残疾人。根据世界银行的标准，中国还有2亿多人口生活在贫困线以下，这差不多相当于法国、德国、英国人口的总和。"因此，中国仍处于并将长期处于社会主义初级阶段的基本国情没有变，人民日益增长的物质文化需要同落后的社会生产之间的矛盾这一社会主要矛盾没有变，中国当前的基本国情决定了必须坚持改革开放不动摇。

1993 年，邓小平曾深刻指出："发展起来以后的问题不比不发展时少。"①当前中国发展面临一系列突出矛盾和挑战，前进道路上还有不少困难和问题。比如：发展中不平衡、不协调、不可持续问题依然突出，社会上还存在大量有违公平正义的现象，城乡区域发展差距和居民收入分配差距依然较大，社会矛盾明显增多，反腐败斗争形势依然严峻，等等。

有观点将上述种种问题的出现与存在都归咎于改革开放，也有观点认为改革开放解决不了中国的问题。针对这两种观点，应当清楚地认识到，人类社会的基本矛盾是生产关系和生产力、上层建筑和经济基础之间的矛盾。随着这一基本矛盾的运动和变化，生产关系和生产力、上层建筑和经济基础之间会出现不相适应的方面和环节。这种"不相适应"，体现为社会生活中方方面面的矛盾和问题。毛泽东指出："问题就是事物的矛盾。哪里有没有解决的矛盾，哪里就有问题。"②实践发展永无止境，矛盾运动永无止境，旧的问题解决了，又会产生新的问题。问题是时代的声音，每个时代总有它自己的问题。制度总是需要不断完善，因而改革既不可能一蹴而就，也不可能一劳永逸。这些"发展中的问题"和"发展起来以后的问题"，都是"不相适应"的表现。这就要求我们在坚持社会主义基本制度的同时，通过深化改革不断调整生产关系，以适应社会生产力发展；不断发展完善上层建筑以适应经济基础，从而推动生产力的发展和整个社会的进步，把中国特色社会主义不断推向前进。

现在，推进改革开放有了更坚实的基础，但改革开放越往纵深

---

① 《邓小平年谱（1975—1997）》，中央文献出版社 2004 年版，第 1364 页。
② 《毛泽东选集》第三卷，人民出版社 1991 年版，第 839 页。

发展，发展中的问题和发展后的问题、一般矛盾和深层次矛盾、有
待完成的任务和新提出的任务越交织叠加、错综复杂。因此，发展
的障碍和发展中的问题需要继续改革开放才能得以破解。当前，改
革已进入攻坚期和深水区，涉及重大利益关系调整，涉及各方面体
制机制完善的内容越来越多，需要破解的障碍主要有：一是传统观
念的束缚；二是体制机制的障碍；三是利益固化的藩篱。这些都是
难啃的硬骨头，但也是必须去碰的硬茬子。改革开放是大势所趋、
人心所向，停滞和倒退没有出路，因此必须拿出更大的政治勇气和
智慧，不失时机全面深化改革特别是深化重要领域改革，从线性改
革改为全面改革，把改革作为一个系统工程来抓，"咬定青山不放
松"，充分认识到"三个进一步解放"既是改革的目的，又是改革
的条件，进一步解放思想，进一步解放和发展社会生产力，进一步
解放和增强社会活力。

◇　三、改革开放是应对国际竞争与挑战的根本出路

改革开放推动中国走向世界的舞台，中国经济与世界经济、
中国市场与世界市场的接轨已经成为现实，中国已置身于激烈的
国际竞争环境中。放眼世界，国际体系酝酿深刻变革，新一轮科
技革命和产业变革方兴未艾，综合国力竞争空前激烈。国际竞争
历来是时间和速度的竞争，谁动作快，谁就能抢占先机，掌握制
高点和主动权；谁动作慢，谁就会丢失机会，被别人甩在后边。
人无远虑，必有近忧。长远发展的关键在于改革创新。改革之路
从无坦途，今天，无论发达国家还是发展中国家，都在进行调整
和改革，都要为改革付出必要的成本。机遇与挑战并存，中国抓

住了当前难得的发展机会就是机遇，抓不住就是挑战；挑战可以转化为机遇，因此机遇大于挑战；错过机遇会犯历史性的错误，成为更大的挑战。

回顾历史，在工业革命发生前的几千年里，我国经济、科技、文化一直走在世界前列。近代以后中国逐步沦为半殖民地半封建社会，中华民族遭受的苦难之重、付出的牺牲之大，在世界历史上都是罕见的。经过鸦片战争以来一百七十多年的持续奋斗，特别是改革开放以来中华民族伟大复兴展现出光明的前景：把立足自身国情和加强抓住外部机遇相结合，显著提升资源配置效益，综合国力由弱变强、人民生活从温饱不足到全面小康、国家从封闭半封闭到全方位开放，通过参与国际经济合作和制定国际经济规则，对世界经济的影响力大幅提升。事实证明，改革开放提升了我国的国际竞争力；没有改革开放，就没有今天中国举足轻重的国际地位。现在，我们比历史上任何时期都更接近中华民族伟大复兴的目标，比历史上任何时期都更有信心、更有能力实现这个目标。

改革开放的伟大实践，不仅使我国取得了经济社会发展的辉煌成就，而且为全面深化改革提供了根本启示和宝贵精神财富。当代中国正处于爬坡过坎的紧要关口，处在比较优势转换的关键阶段，进入发展关键期、改革攻坚期、矛盾凸显期，许多问题相互交织、叠加呈现。当今世界并不安宁，各种全球性威胁和挑战层出不穷，处于格局演变的重要阶段。中国所面临的经济安全、政治安全、文化安全、军事安全、网络安全问题更加突出，维护和拓展国家战略利益的任务更加艰巨。因此，当代中国所拥有的重要战略机遇期稍纵即逝，中国发展所具有的复杂性、艰巨性、敏感性前所未有，中国特色社会主义正在经受各种现实挑战。

　　为了应对国际竞争与挑战带来的现实挑战，必须增强忧患意识，不能等待、不能观望、不能懈怠。必须正确认识国际国内形势新变化，自觉适应实现全面建成小康社会目标新要求，把握住、利用好发展机遇，看得到、应对好风险挑战，以更加坚定的信心、更加有效的举措推进改革开放。当前，国际国内的联系互动日益加深，国内问题中的国际因素和国际问题中的中国因素都在增加。要形成既符合世界发展潮流又符合我国发展阶段性特征的发展战略，进而找到解决面临问题、推进事业发展的科学方法。要立足基本国情、树立世界眼光，密切关注世界政治、经济、科技、文化各领域的新情况，准确把握国际形势发展变化的新趋向，从而发现需要抓紧破解的新矛盾新问题。要注意从世界格局变化中，看到维护中国主权和安全的风险与挑战；从世界经济缓慢复苏的态势中，既看到中国经济发展的新机遇，又看到不确定不稳定因素；从当今世界特别是发达国家科技日新月异的发展中，看到中国科技创新的差距和潜力；从世界各国文化的交流互鉴中，看到壮大中国文化软实力的有利条件和不利因素。

　　历史的经验和教训已经充分说明，落后就要挨打，发展才能自强。发展是硬道理，解决中国国内外各种挑战和问题的关键靠发展，而要发展就必须坚持改革开放。改革开放是中国应对日益激烈复杂的国际竞争与挑战的根本出路。

第二节　在新的历史起点上全面深化改革

　　全面建成小康社会、实现"两个一百年"奋斗目标和中华民族伟大复兴的中国梦，根本动力是改革开放。党的十八大之后，我国经济社会发展进入新阶段，站在了新的历史起点上。党的十八届三中全会研究和部署了全面深化改革的若干重大问题，是我党在新的历史起点上全面深化改革的科学指南和行动纲领。在新的历史起点上全面深化改革，应当准确把握全面深化改革的总目标，坚持正确的改革方向，采用正确的改革方法。通过根本性的改革为发展提供新的增长动力，才能发展中国、发展社会主义、实现中国梦，这是改革开放在发展中国特色社会主义事业中的重要地位和作用所决定的。

◇　一、准确把握全面深化改革的总目标

目标决定方向。目标明确，才能确定好方向。党的十八届三中全会将"完善和发展中国特色社会主义制度，推进国家治理体系和治理能力现代化"确立为全面深化改革总目标。全面深化改革总目标是由两句话组成的一个整体，即完善和发展中国特色社会主义制度、推进国家治理体系和治理能力现代化。前一句规定了根本方向，后一句规定了在根本方向指引下完善和发展中国特色社会主义制度的鲜明指向，两句话都讲，才是完整的。

首先，要完善和发展中国特色社会主义制度。改革开放是有方向、有立场、有原则的，是在中国特色社会主义道路上不断前进的改革，既不走封闭僵化的老路，也不走改旗易帜的邪路。中国特色社会主义制度集中体现了社会主义的特点和优势，无论怎么改革、怎么开放，都始终要以坚持和改善中国共产党的领导为核心，都始终要坚持中国特色社会主义道路、中国特色社会主义理论体系、中

国特色社会主义制度。但中国特色社会主义制度不是封闭的，而是在实践中不断发展、丰富和完善。全面深化改革，不是因为中国特色社会主义制度不好，而是要使它更好。坚定制度自信，不是要故步自封，而是要不断革除体制机制弊端，让中国特色社会主义制度成熟而持久。

因此，要根据形势任务发展变化，通过全面深化改革，既要防止落入"中等收入陷阱"，也要防止落入"西化分化陷阱"，不断拓宽中国特色社会主义道路，不断丰富中国特色社会主义理论体系，不断完善和发展中国特色社会主义制度，为党和国家事业发展、为人民幸福安康、为社会和谐稳定、为国家长治久安提供一整套更完备、更稳定、更管用的制度体系。这项工程必须是全面的系统的改革和改进，是各领域改革和改进的联动和集成，在国家治理体系和治理能力现代化上形成总体效应、取得总体效果。

其次，要推进国家治理体系和治理能力现代化。邓小平在 1992 年提出，再有 30 年的时间，我们才会在各方面形成一整套更加成熟、更加定型的制度。党的十八届三中全会在邓小平战略思想的基础上，提出要推进国家治理体系和治理能力现代化，这是完善和发展中国特色社会主义制度的必然要求，是实现社会主义现代化的应有之义。

国家治理体系和治理能力是一个国家制度和制度执行能力的集中体现。国家治理体系是中国共产党领导下管理国家的制度体系，包括经济、政治、文化、社会、生态文明和党的建设等各领域体制机制、法律法规安排，是一整套紧密相连、相互协调的国家制度。今天中国的国家治理体系是在历史传承、文化传统、经济社会发展的基础上长期发展、渐进改进、内生性演化的结果。改进和完善国家治理体系不能不顾国情照搬别人的制度模式，而是要有自己的主张和定力。国家治理能力是运用国家制度管理社会各方面事务的能力，包括改革发展稳定、内政外交国防、治党治国治军等各个方面。国家治理体系和治理能力是一个有机整体，相辅相成，有了好的国家治理体系才能提高治理能力，提高国家治理能力才能充分发挥国家治理体系的效能。

推进国家治理体系和治理能力现代化，要适应时代变化，既改革不适应实践发展要求的体制机制、法律法规，又不断构建新的体制机制、法律法规，使各方面制度更加科学、更加完善，实现党、国家、社会各项事务治理制度化、规范化、程序化。要更加注重治理能力建设，增强按制度办事、依法办事意识，善于运用制度和法律治理国家，把各方面制度优势转化为管理国家的效能，提高党科学执政、民主执政、依法执政水平，提高国家机构履职能力，提高人民群众依法管理国家事务、经济社会文化事务、自身事务的能力，不断提高运用中国特色社会主义制度有效治理国家的能力。

最后，完善和发展中国特色社会主义制度与推进国家治理体系和治理能力现代化，是并行不悖、相辅相成、相互促进的。完善和发展中国特色社会主义制度既是建设中国特色社会主义的根本保障，也是推进国家治理体系和治理能力现代化的重要前提。制度完善和发展要体现与落实到治理体系和治理能力的现代化上，只有实现国家治理体系和治理能力的现代化，才能真正保证中国特色社会主义制度的完善和发展。但是，必须在中国特色社会主义制度框架内推进国家治理体系和治理能力现代化。

全面深化改革的总目标强调的是基本制度的坚持和完善，既涉及经济基础，又涉及上层建筑。具有更加广阔发展前景的中国特色社会主义，倒逼和呼唤国家治理体系和治理能力的现代化。要把完善和发展中国特色社会主义制度与推进国家治理体系和治理能力现代化结合起来，在把握全面深化改革的重大原则和方向性等问题上始终保持政治定力，大力培育和弘扬社会主义核心价值体系和核心价值观，充分发挥法治保障作用，不断推进科学发展，切实提高社会治理能力，以实现全面深化改革的总目标。

✧ 二、坚持社会主义市场经济的改革方向

道路决定命运，方向决定成败。在新的历史起点上全面深化改革，全面建成小康社会、实现中国梦，必须毫不动摇地坚持社会主义市场经济的改革方向，以经济体制改革为重点，发挥经济体制改革牵引作用，使市场在资源配置中起决定性作用和更好地发挥政府作用。

建立社会主义市场经济体制是中国共产党在建设中国特色社会主义进程中的一个重大理论和实践创新，解决了世界上其他社会主义国家长期没有解决的一个重大问题。当前制约科学发展的体制机制障碍不少集中在经济领域，例如市场秩序不规范、生产要素市场发展滞后、市场规则不统一、市场竞争不充分等问题仍未解决好，经济体制改革任务远没有完成，经济体制改革的潜力还没有充分释放出来。因此，全面深化改革的重点仍然是经济体制改革，坚持以经济建设为中心不动摇，就必须坚持以经济体制改革为重点不动摇。经济体制改革对其他方面改革具有重要影响和传导作用，重大经济体制改革的进度决定着其他方面很多体制

改革的进度，具有牵一发而动全身的作用。要坚持以经济体制改革为主轴，努力在重要领域和关键环节改革上取得新突破，以此牵引和带动其他领域改革，使各方面改革协同推进、形成合力，而不是各自为政、分散用力。

经济体制改革的核心问题仍然是处理好政府和市场关系。实现加快完善社会主义市场经济体制的战略任务还需要付出艰苦努力，因此，坚持社会主义市场经济的改革方向，核心问题是要处理好政府和市场的关系，使市场在资源配置中起决定性作用和更好地发挥政府作用。

首先，充分发挥市场在资源配置中的决定性作用。理论和实践都证明，市场配置资源是最有效率的形式。要加大改革力度，在思想上更加尊重市场决定资源配置这一市场经济的一般规律，建设统一开放、竞争有序的市场体系。使市场在资源配置中发挥决定性作用，主要涉及经济体制改革，但必然会影响到政治、文化、社会、生态文明和党的建设等各个领域。要使各方面体制改革朝着建立完善的社会主义市场经济体制这一方向协同推进，同时也使各方面自身相关环节更好适应社会主义市场经济发展提出的新要求。

其次，要更好地发挥政府作用。市场在资源配置中起决定性作用，并不是起全部作用。政府进行职能转变，在行动上大幅度减少政府对资源的直接配置，推进重点领域的改革，切实转变经济发展方式，努力实现资源配置效率最优化和效益最大化。更好地发挥政府作用的具体要求体现为，政府应当健全宏观调控体系，全面正确履行政府职能，优化政府组织结构，保持宏观经济稳定，加强和优化公共服务，保障公平竞争，加强市场监管，维护市场秩序，推动可持续发展，促进共同富裕，弥补市场失灵。

最后，要发挥好政府和市场"两只手"的作用。政府和市场是社会主义市场经济体制的两个重要组成部分：政府是市场经济中宏观管理和调控的主体，市场是实现资源优化配置的基本环节。围绕使市场在资源配置中起决定性作用和更好发挥政府作用，更加注重运用市场和社会的力量来推动新的发展，培育"无形之手"新优势，赋予"有形之手"新内涵，使两者优势互补、效应叠加。凡属市场不能有效发挥作用的，政府应当主动补位，该管的要坚决管，管到位，管出水平，避免出问题。要找准市场功能和政府行为的最佳结合点，切实把市场和政府的优势都充分发挥出来，更好地体现社会主义市场经济体制的特色和优势。

使市场在资源配置中起决定性作用和更好发挥政府作用二者相互促进，更好地推动经济社会持续健康发展，要做到五个结合：第一，要坚持把扩大内需同稳定外需结合起来；第二，要坚持把扩内需、保增长同调结构、上水平结合起来；第三，要坚持把推进结构升级同扶持就业创业结合起来；第四，要坚持把加强政府宏观调控同抓改革、增活力结合起来；第五，要坚持把抓好当前同谋划长远结合起来。切实把稳增长、调结构、促改革、惠民生、防风险落到实处。

延伸阅读

中国共产党对于政府与市场关系认识的深化

党的十一届三中全会提出要按经济规律办事，重视价值规律的作用；党的十二大提出计划经济为主，市场调节为辅；党的十二届三中全会提出我国社会主义经济是公有制基础上的有计划商品经济；党的十三大提出社会主义有计划商品经济的体制应该是计划与市场内在统一的体制；党的十四大明确提出我国经济体制改革的目标是建立社会主义市场经济体制，使市场在社会主义国家宏观调控下对资源配置起基础性作用；党的十五大、十六大、十七大、十八大的表述，都重申要强化市场在资源配置中的基础性作用；党的十八届三中全会明确提出市场在资源配置中起决定性作用和更好地发挥政府的作用。

全面深化改革，始终坚持社会主义市场经济体制，要坚持发挥中国特色社会主义制度的优越性，发挥中国共产党和政府的积极作用。坚持社会主义市场经济的改革方向，最核心的是在改革中坚持和完善中国共产党的领导，充分发挥党总揽全局、协调各方的领导核心作用，既要提高党领导改革、推进改革的能力和水平，也要深化党的建设各方面制度的改革，形成攻坚克难的强大力量。坚持社会主义市场经济的改革方向，要强调"社会主义"这四个字，强调将市场经济与社会主义基本制度相结合，坚守社会主义发展道路。坚持社会主义市场经济的改革方向，要坚持公有制为主体、国有经济为主导，多种所有制经济共同发展、平等竞争，毫不动摇地巩固和发展公有制经济，也毫不动摇地支持、鼓励、引导非公有制经济发展，国家要掌握国民经济发展命脉。坚持社会主义市场经济的改革方向，要以促进社会公平正义、增进人民福祉为出发点和落脚点，坚持以人为本、发展成果由人民共享，实现居民收入增长和经济发展同步，提高居民收入在国民收入分配中的比重，提高劳动报酬在初次分配中的比重，促进共同富裕。

◇ 三、把握全面深化改革的规律、坚持正确的方法论

毛泽东曾指出："我们的任务是过河，但是没有桥或没有船就不能过。不解决桥或船的问题，过河就是一句空话。不解决方法问题，任务也只是瞎说一顿。"[1] 方法正确，改革就会事半功倍，事业就会破浪前行。全面深化改革，不仅要求有清晰的目标和正确的方向，还要有科学的方法。必须更加注重改革的系统性、整体性、协同性，这既体现了对全面深化改革的科学指导，也体现了解放思想、实事求是、与时俱进和求真务实的要求。改革是一个极其复杂的系统工程，每一项改革都会对其他改革产生重要影响，每一项改革又都需要其他改革协同配合和良性互动，这样才能整体推进。全面深化改革必须把握"六大关系"，即"处理好解放思想和实事求是的关系、整体推进和重点突破的关系、全局和局部的关系、顶层设计和摸着石头过河的关系、胆子要大和步子要稳的关系、改革发展稳定的关系"。因此，当前改革方法论主要体现为按规律进行改革，处理好这六大关系。

一是要处理好解放思想和实事求是的关系。冲破思想观念的障碍、突破利益固化的藩篱，其首要任务是解放思想。在深化改革问题上，一些思想观念障碍往往不是来自体制外而是来自体制内。思

---

① 《毛泽东选集》第一卷，人民出版社 1991 年版，第 139 页。

想不解放，就很难看清各种利益固化的症结所在，很难找准突破的方向和着力点，很难拿出创造性的改革举措。解放思想的过程就是统一思想的过程，解放思想的目的是为了更好统一思想。应当实现解放思想和实事求是的统一，一方面要从国情出发、从经济社会发展实际出发，保持政治坚定性、明确政治定位，有领导有步骤推进改革；另一方面要善于借鉴古今中外治国理政的经验教训推进改革开放，解放思想、大胆探索，勇于推进理论和实践创新，顺利推进全面深化改革。

二是要处理好整体推进和重点突破的关系。改革历来就是全面改革，问题的实质是改什么、不改什么，有些不改的、不能改的，再过多长时间也是不改。对于要改的、能改的，应当将整体推进与重点突破相结合，既在整体推进中着力突破重点，又以重点突破带动整体推进。以整体推进统筹改革大局，必须分清轻重缓急，找到突破的重点，环环相扣，步步为营，进而激发带动全局的力量。重要领域和关键环节的改革，是解决发展中矛盾的支撑点和牢靠抓手。只有重点突破，才能以点带面，激发改革动力。

三是要处理好全局和局部的关系。局部构成全局，全局统领局部，两者利益是一致的。必须考虑全局利益和长远发展，又要照顾不同地区、不同行业的特点。地方要充分发挥各自的积极性，但是，当全局利益和局部利益发生冲突的时候，局部利益必须服从全局利益，必须服从国家全局和长远发展的需要。把握好全面深化改革的重大关系，使各项改革举措在政策取向上相互配合、在实施过程中相互促进、在实际成效上相得益彰。

四是要处理好顶层设计和摸着石头过河的关系。摸着石头过河，是对脚踏实地、尊重实践、从实践中摸经验摸规律，努力做到实事求是的一种形象说法，也是推进改革健康有序发展的一种重要改革方法。坚持做到既在加强顶层设计的前提下进行推进局部的阶段性改革，又在推进局部的阶段性改革的基础上谋划和加强顶层设计。这种渐进式改革，避免了因情况不明、举措不当而引起的社会动荡。中国共产党是在一个13亿多人口的社会主义发展中大国领导改革开放，决不能在根本性问题上出现颠覆性错误，一旦出现就无可挽回、无法弥补。

摸着石头过河和加强顶层设计是辩证统一的，推进局部的阶段性改革开放要在加强顶层设计的前提下进行，加强顶层设计要在推进局部的阶段性改革开放的基础上来谋划。随着改革不断深入，各个领域各个环节改革的关联性互动性明显增强，要求更加注重各项改革的相互促进、良性互动、协同配合，把推进经济体制、政治体制、文化体制、社会体制、生态文明体制等改革有机衔接起来，把推进理论创新、制度创新、科技创新、文化创新以及其他各方面创新有机衔接起来，整体推进，重点突破，形成推进改革开放的强大合力。

五是要处理好胆子要大和步子要稳的关系。胆子要大，说的是既要脚踏实地，又要有开拓前进的胆量和勇气。面对新形势新任务，一定要解放思想，大胆探索，看准了的事情就坚定不移地做下去。同时，又要稳妥审慎，三思而后行。胆子大不是不看客观条件、脱离实际地蛮干，蛮干必然导致瞎折腾。对一些重大改革，不可能毕其功于一役，可以提出总体思路和方案，稳扎稳打地推进，通过不断努力逐步达到目的，积小胜为大胜。

六是要处理好改革发展稳定的关系。改革发展稳定是我国社会主义现代化建设的三个重要支点，改革是经济社会发展的强大动力，发展是解决一切经济社会问题的关键，稳定是改革发展的前提。要坚持把改革力度、发展速度和社会可承受程度统一起来，科学把握改革的战略重点、优先顺序、主攻方向。把改善人民生活作为正确处理改革发展稳定关系的结合点，在保持社会稳定中推进改革发展，增强改革措施、发展措施、稳定措施的协调性，通过改革发展促进社会稳定。

全面深化改革必须把握好各种关系，这是对改革规律和改革方法的科学认识，也是全面深化改革的基本原则与方法。在实际工作中处理好上述关系的同时，要多做少说、务求实效，做到全局和局部相配套、治本和治标相结合、渐进和突破相衔接。只有这样，才能使各项改革相互促进、良性互动，重点突破、整体推进，形成全面深化改革的强大合力。

第三节　凝聚共识打好全面深化改革攻坚战

全面建成小康社会、实现中国梦必须把改革开放事业继续推向前进，必须更加深刻地认识改革开放的历史必然，更加自觉地把握改革开放的根本启示，更加坚定地承担改革开放的历史责任。当前，改革进入了攻坚期和深水区，中国共产党人必须以强烈的历史使命感和责任感，在统一全党的思想和意志的基础上，统一全国各族人民思想和意志，形成推进改革的强大合力，最大限度集中全党全社会智慧，最大限度调动一切积极因素，在新的历史起点上全面深化改革。

✧ 一、全面深化改革的伟大使命

在中国这样一个人口众多、生产力落后、具有悠久文明历史的国家进行改革，是一项充满挑战的事业，必须在不断的实践探索中推进。党的十一届三中全会以来，中国共产党以巨大的政治勇气，锐意推进经济体制、政治体制、文化体制、社会体制、生态文明体制和党的建设制度改革，决心之大、变革之深、影响之广前所未有，孕育和催生了新时期从理论到实践的一系列创新创造，最大限度地激发经济社会发展进步的活力，所取得的成就举世瞩目。

现在，改革开放到了一个新的重要关头，推进改革的复杂程度、敏感程度、艰巨程度，一点都不亚于三十多年前。下一步改革将不可避免触及深层次社会关系和利益矛盾，牵动既有利益格局变化。党的十八届三中全会是在我国改革开放新的重要关头召开的一次重要会议，是全面深化改革的又一次总部署、总动员，在清醒认识中国改革发展稳定的新形势新任务基础上，深刻剖析了面临的重大理论和实践问题，作出了必须在新的历史起点上全面深化改革的论断和部署。全面深化改革涉及党和国家工作全局，涉及经济社会发展各领域，涉及许多重大理论问题和实际问题，是一个复杂的系统工程。

延伸阅读

全面深化改革的领导机构

党的十八届三中全会决定设立中央全面深化改革领

导小组，负责改革的总体设计、统筹协调、整体推进、督促落实。习近平出任领导小组组长，李克强、刘云山、张高丽出任副组长。领导小组下设经济体制和生态文明体制改革、民主法制领域改革、文化体制改革、社会体制改革、党的建设制度改革、纪律检查体制改革六个专项小组。领导小组的主要职责包括：研究确定经济体制、政治体制、文化体制、社会体制、生态文明体制和党的建设制度等方面改革的重大原则、方针政策、总体方案；统一部署全国性重大改革；统筹协调处理全局性、长远性、跨地区跨部门的重大改革问题；指导、推动、督促中央有关重大改革政策措施的组织落实。

为了实现全面深化改革的总目标，必须坚持社会主义市场经济的改革方向，必须科学把握改革的方法，沿着"六个紧紧围绕"的总体思路和路线图前进。紧紧围绕使市场在资源配置中起决定性作用深化经济体制改革，坚持社会主义市场经济改革方向，坚持和完善公有制为主体、多种所有制经济共同发展的基本经济制度，加快完善现代市场体系、宏观调控体系、开放型经济体系，加快转变经济发展方式，加快建设创新型国家，推动经济更有效率、更加公平、更可持续发展；紧紧围绕坚持党的领导、人民当家作主、依法治国有机统一深化政治体制改革，坚定不移走中国特色社会主义政治发展道路，加快推进社会主义民主政治制度化、规范化、程序化，建设社会主义法治国家，发展更加广泛、更加充分、更加健全的人民民主；紧紧围绕建设社会主义核心价值体系、社会主义文化强国深化文化体制改革，加快完善文化管理体制和文化生产经营机制，建立健全现代公共文化服务体系、现代文化市场体系，推动社会主义文化大发展大繁荣；紧紧围绕更好保障和改善民生、促进社会公平正义深化社会体制改革，改革收入分配制度，促进公平正义、促进共同富裕，推进社会领域制度创新，推进基本公共服务均等化，加快形成科学有效的社会治理体制，确保社会既充满活力又和谐有序；紧紧围绕建设美丽中国深化生态文明体制改革，加快建立生态文明制度，健全国土空间开发、资源节约利用、生态环境保护的体制机制，建立体现生态文明要求的目标体系、考核办法和奖惩机制，推动形成人与自然和谐发展现代化建设新格局；紧紧围绕提高科学执政、民主执政、依法执政水平深化党的建设制度改革，加强民主集中制建设，完善党的领导体制和执政方式，保持党的先进性和纯洁性，为改革开放和社会主义现代化建设提供坚强政治保证。此外，要构建中国特色现代军事力量体系，实行更加积极主动的开放战略，完善互利共赢、多元平衡、安全高效的开放型经济体系。

全面深化改革，必须高举中国特色社会主义伟大旗帜，以邓小平理论、"三个代表"重要思想、科学发展观为指导，坚定信心，凝聚共识，统筹谋划，协同推进。从面临的现实问题和进步潮流出发，始终把握好改革的正确方向，避免两张皮，决不能在根本问题上出现颠覆性错误。坚决破除各方面体制机制弊端，努力开拓中国特色社会主义事业更加广阔的前景。在实践中不断推进理论创新和实践创新，有效化解前进道路上的各种风险挑战，把改革开放不断推向前进，始终走在时代前列。让一切劳动、知识、技术、管理、资本等要素的活力竞相迸发，让一切创造社会财富的源泉充分涌流。在促进人的全面发展上比资本主义制度更有效率，更能激发全体人民的积极性、主动性、创造性，更能为社会发展提供有利条件，更能在竞争中赢得比较优势，把中国特色社会主义制度的优越性充分体现出来。将改革与国家安全相联系，统筹国内国际两个大局，把国际问题和国内问题联系起来全面考察、整体考虑，拓宽视野看世界、看中国，看历史、看未来，从而找到工作中存在的问题，掌握解决问题的主动权。

实践发展永无止境，解放思想永无止境，改革开放也永无止境，停顿和倒退没有出路。面对新形势新任务，全面建成小康社会，进而建成富强民主文明和谐的社会主义现代化国家、实现中国梦，必须在新的历史起点上全面深化改革，确保改革开放的顺利推进。

◇ 二、广泛凝聚改革共识

古往今来的一切改革，首先都难在凝聚共识。全面深化改革能否顺利推进，关键在于能否广泛凝聚改革共识。只有凝聚共识，才能团结一切可以团结的力量、调动一切可以调动的积极因素，汇合成推进改革开放的强大力量，不断开创实现中国梦的崭新局面。

应当看到，我们现在所面临的改革，动辄牵一发而动全身，既错综复杂又脆弱敏感；我们现在所需要的改革，追求更高质量、更高水平，更加注重系统性、整体性、协同性。但是，当今中国身处一个多元文化、多元思想、多元价值观的时代，经济体制深刻变革、社会结构深刻变动、利益关系深刻调整、思想观念深刻变化，区域发展不平衡产生不同的改革诉求，不同利益群体的改革诉求也不同。上述原因使改革共识难以形成。

　　回顾中国共产党九十多年的历史，在关键时刻总能够凝聚全民族共识。这是中国的优势、中国共产党的优势，也是中国特色社会主义的优势。今天，必须在新的历史起点上全面深化改革，寻求推进改革的社会最大公约数，为中国发展赢得长久活力和竞争力。怎样凝聚改革共识呢？必须坚持尊重人民首创精神，坚持在党的领导下推进，紧紧依靠人民推进改革开放。

　　首先，要切实把全党思想统一到党的十八届三中全会精神上来，切实增强全面深化改革的自觉性和坚定性。只有全党思想和意志统一了，才能真正贯彻实施党的十八届三中全会精神，才能在新形势下全面深化改革、开创事业发展新局面，才能统一全国各族人民思想和意志，才能形成推进改革的强大合力。

　　全面建成小康社会需要一步步的积累，中国梦是以实践为基础的科学理想，只有通过坚持不懈的实干，才能变为生活中的现实。各地区各部门只有紧密结合工作实际，按照党的十八届三中全会的总体部署，把目标任务变成实实在在的工作项目，把原则要求变为可操作的工作措施，才能真正凝聚改革共识形成合力。改革不能空谈，改革需要实干，改革必须在一些重要领域取得突破性进展，让人们看到党和政府改革的决心和成效。一系列突出问题依然在困扰着人民群众，也在考验改革者的勇气和智慧。只有这些领域的改革率先取得突破性进展，才能凝聚最广大人民群众的改革共识，才能以高度的共识推动其他领域的改革。

　　其次，紧紧依靠人民推动改革，必须坚持以人为本，尊重人民主体地位。推进任何一项重大改革，都要站在人民立场上把握和处理好涉及改革的重大问题，都要从人民利益出发谋划改革思路、制定改革举措，把是否有利于发展社会主义社会的生产力、有利于增强社会主义国家的综合国力、有利于提高人民的生活水平这"三个有利于"作为判断改革得失成败的根本标准。

只有充分尊重人民主体地位，才能凝聚人民力量。人民群众是历史的创造者，是社会变革的最终决定力量。全面深化改革覆盖各个领域、各个方面，改革发展稳定任务艰巨繁重，改革面临的矛盾很多、难度很大，只有紧紧依靠人民推动改革，同人民一道推动改革，才能做到谋划改革汲取人民智慧，推进改革凝聚人民力量，检验改革依靠人民评判。

只有充分尊重群众首创精神，才能激发群众的改革热情，充分调动社会各方面的积极性，才能把全面深化改革的过程变成人民广泛参与、普遍受益的过程。要尊重和发挥人民的首创精神，在深入调查研究的基础上提出全面深化改革的顶层设计和总体规划，尊重实践、尊重创造，鼓励大胆探索、勇于开拓，聚合各项相关改革协调推进的正能量。

再次，凝聚共识需要提升各界高度的历史责任感，需要社会各界都懂得"国家好，民族好，大家才会好"的道理，始终将国家和人民利益置于首位，摒弃狭隘的部门利益和小集团利益，让改革的成果更公平地惠及全体人民。凝聚共识需要求同存异，需要全社会广泛参与。要思考哪些是可以"求同"的，哪些是可以通过做工作转化为共识的，哪些是可以继续"存异"的，并从中发现"最大公约数"，最大程度地形成共识。各级领导干部要善于以"最大公约数"的思想方法，统筹各方利益、兼顾各方利益，聚合众力、融合众智，推进全面深化改革的伟大实践。

ⓘ＿案 例＿

厦门试点减负放权，创新基层治理①

坑坑洼洼的道路变成了平整的沥青路，老旧的墙面变成了手绘的宣扬中华传统美德的漫画墙，原本随处堆放的垃圾如今有人定时收走……地处背街小巷的厦门市思明区小学社区的变化，始于 2013 年 8 月厦门的试点"美丽厦门·共同缔造"行动。小学社区居民通过"身边人管身边事"，实现了小区有序管理。

"共谋、共建、共管、共评、共享"，是对厦门社区治理创新的概括，而"美丽厦门·共同缔造"，是观察厦门探索的最好窗口。

探索多种管理"套餐"，让居民走出来、
说出来、做起来、管起来

社区治理之路怎么走？厦门首先推进试点社区减负放权。思明区制定《进一步推进试点社区减负放权工作意见》，赋予社区资源调配权、经费支配权、监督评议权等职权；减除 12 项、合并 30 项事务性工作，简化 13 项便民服务项目，减除 20 大类 133 小项的党建检查台账；全面清理试点社区挂牌，严格工作准入，切实减轻社区负担。

---

① 参见《人民日报》2014 年 1 月 20 日。

社区领导有了权，并不能自己独断，而是要把社区发展的决策权交给居民。社区发展计划、涉及全体居民利益的重大事务，由居民决定。针对各社区地理区域特点，厦门探索多种社区治理的模式……

在社区找到认同感和归属感，
"这里就是家，来了不想走"

在"美丽厦门·共同缔造"行动中，除了物质环境的美化，更深刻的变化发生在市民的精神环境。后江社区后江埭餐饮一条街自发组建"爱心联盟"，开展"公益待用餐"行动，辖区困难老人、环卫保洁员等困难群体凭借社区发放的"待用餐领用证"，可到餐饮店领取顾客认购的公益待餐券并就餐；振兴社区定期组织志愿者为空巢老人、残疾人、困难户等特殊群体提供亲情陪伴、家电维修等一系列"温暖"服务；思明城市义工协会、沁心泉社工来到小学社区，开展"身边好邻居"行动，营造邻里守望相助的良好氛围；莲花五村社区设立每年12月5日为社区"和美邻里日"，举办社区趣味运动会，吸引更多的家庭走出小家、融入大家……形式丰富的活动，促进居民的相互认识和友好交往，消除城市社区生活封闭性带来的隔离感，在居民之间、楼院邻里之间形成互帮互助的氛围，市民的幸福感得到提升。

"厦门市'美丽厦门·共同缔造'的试点实践具有重要价值。"一位到厦门考察的民政部专家评价说，厦门从群众身边的小事做起，从房前屋后的实事抓起，实现了政

府引导和市民自主的有机结合，通过群众共商共谋，让群
众在涉及切身利益的改革决策中"唱主角"，取得了良好
效果。

最后，全面改革的实践要通过寻找最大公约数来聚焦，宣传
教育工作也要适应这种聚焦。要加强对全面深化改革的正面宣传
和舆论引导，发挥党的思想政治工作优势，充分发挥与不同群体
进行沟通的优势，及时回答干部群众关心的重大思想认识问题，
讲清楚为什么改、改什么、怎么改，凝聚共识、巩固共识、发展
共识。改革的组织者、推动者也要注重沟通，引导各方面支持
改革、参与改革、投身改革，形成凝聚共识与推动改革的良性
互动。

在新的历史起点上全面深化改革，需要广泛凝聚改革共识，着
力汇集改革合力，确保全面深化改革的顺利推进，加快全面建成小
康社会的步伐，促进中华民族复兴的中国梦的实现。

▍ 本章小结 ▍ ·············

中国特色社会主义是与时俱进的事业，改革开放是坚持和发
展中国特色社会主义的必由之路，从这个意义上说，改革开放只
有进行时没有完成时。只有改革开放才能发展中国、发展社会主
义、发展马克思主义。中国发展的成就来自改革开放，发展的问
题只有继续改革开放才能破解，改革开放还为把握机遇应对挑战
提供了基本路径。全面建成小康社会，实现国家富强、民族振
兴、人民幸福的中国梦，必须毫不动摇地坚持改革开放的基本国
策。改革开放以来，中国经济快速发展，综合国力大幅提升，人

民生活水平不断提高，为实现中国梦提供了宝贵经验、坚实的物质基础、强大动力和有力保障。改革开放的过程，正是开辟中国道路、弘扬中国精神、凝聚中国力量的过程。随着发展的深入，发展起来的问题不比未发展少，发展中的问题必须在深化改革的发展中解决。改革开放已经进入深水区，在新的历史起点上推动全面深化改革，必须突破各种障碍，广泛凝聚改革共识、着力汇聚改革的强大合力；必须把握全面深化改革的总目标，完善和发展中国特色社会主义制度，推进国家治理体系和治理能力现代化；必须坚持社会主义市场经济的改革方向，充分发挥市场在资源配置中的决定作用和更好发挥政府的作用；必须把握全面深化改革的内在规律、坚持正确的方法论，更加注重改革的系统性、整体性、协同性。实干兴邦，全党全国人民共同推动全面深化改革，始终坚持改革开放，必将推进小康社会的全面建成，必将实现中国梦。

✎ 思 考 题

1. 为什么说改革开放是决定当代中国命运的"关键一招"？

2. 如何处理好市场在资源配置中起决定性作用和更好发挥政府作用的关系？

3. 如何理解国家治理体系和治理能力现代化与全面建成小康社会、实现中国梦的关系？

第 四 章

实现中国梦必须走中国道路

实现中国梦，就是要实现国家富强、民族振兴、人民幸福。梦不同，圆梦的路径也不同。中国梦需要脚踏实地去实现，必须以中国特色社会主义道路为实现途径；中国梦需要高瞻远瞩来把握，必须以中国特色社会主义理论体系为行动指南；中国梦需要坚实的制度体系相支撑，必须以中国特色社会主义制度为根本保障。必须增强对中国特色社会主义的道路自信、理论自信、制度自信，坚定不移地沿着正确的中国道路奋勇前进。

第一节　根本途径和政治前提

"道路关乎党的命脉，关系国家前途、民族命运、人民幸福。"全面建成小康社会、实现中国梦，必须坚定不移地走中国特色社会主义道路，这是实现这一宏伟目标和伟大梦想的根本途径和政治前提。

✧ 一、既不走封闭僵化的老路，也不走
改旗易帜的邪路

实现中国梦，不能走封闭僵化的老路。在全球化迅猛发展的今天，任何国家的发展都离不开世界文明发展的大道。清朝政府因为闭关自守，没有赶上世界第一次工业革命的步伐，直到被西方国家的坚船利炮惊醒其天朝大国的美梦，最终山河破碎。同样，实现中国梦，也不能回到高度集中的、僵化的苏联模式，重走"文化大革命"的道路。走老路，必穷。不能因为改革开放产生了一些问题，就全盘否定改革开放，走回头路。在当今时代，和平与发展已经成为时代的主题，只有改变僵化的模式，不断解放和发展生产力，消灭贫穷，才能证明社会主义的优越性，才能在国际竞争中立于不败之地。否则，就如邓小平在1992年南方重要谈话中所说的那样："不坚持社会主义，不改革开放，不发展经济，不改善人民生活，只能是死路一条。"[1]

实现中国梦，不能走改旗易帜的邪路。走邪路，必乱。邓小平在改革开放的初期就明确指出中国的改革开放不能改旗易帜，他说："如果走资本主义道路，可能在某些局部地区少数人更快地富起来，形成一个新的资产阶级，产生一批百万富翁，但顶多也不会达到人口的百分之一，而大量的人仍然摆脱不了贫穷，甚至连温饱问题都不可能解决。"[2]邓小平明确指出："如果搞两极分化，情况就不同了，民族矛盾、区域间矛盾、阶级矛盾都会发展，相应地中央

---

[1] 《邓小平文选》第三卷，人民出版社1993年版，第370页。
[2] 《邓小平文选》第三卷，人民出版社1993年版，第208页。

和地方的矛盾也会发展，就可能出乱子。"① 甚至，贫困群众就"不能不革命"②。这不但违背中国共产党对人民的庄严承诺，也将危及党执政的阶级基础和群众基础。而且，如果中国走上了资本主义道路，"纳入国际垄断资本的统治"，"最终发展起来也不过成为一个附庸国，而且就连想要发展起来也不容易"。③ 概言之，中国如果走资本主义道路，无论是国家富强、民族振兴，还是人民幸福，都不可能实现。况且一个有着十多亿人口的中国如果出现了混乱，必然给全世界带来巨大的灾难。

中国梦是与世界人民携手共进的共赢之梦，不是帝国梦、霸权梦，这也决定了我们必须坚定不移地走中国特色社会主义道路。2014 年 7 月 4 日，习近平在韩国国立首尔大学的演讲中指出："面对中国的发展，有些人认为发展起来的中国必然成为一种'威胁'，甚至把中国描绘成一个可怕的牛魔王。我想告诉大家的是，这种看法是不正确的。""中国已经确定了未来发展的目标，这就是到 2020 年国内生产总值和城乡居民人均收入比2010 年翻一番、全面建成小康社会，到本世纪中叶建成富强民主文明和谐的社会主义现代化国家。我们形象地把这个目标概括为实现中华民族伟大复兴的中国梦。实现这个目标并不容易。在相当长时期内，中国仍然是世界上最大的发展中国家，提高13 亿多人口的生活水平和质量还需要付出艰苦努力。"资本主义发达国家虽然希望中国走资本主义道路，但它们并不希望出现一个强大的中国，并不希望中国重复它们原来的发展模式来

---

① 《邓小平文选》第三卷，人民出版社 1993 年版，第 364 页。
② 《邓小平年谱（1975—1997）》，中央文献出版社 2004 年版，第 1317 页。
③ 《邓小平文选》第三卷，人民出版社 1993 年版，第 311 页。

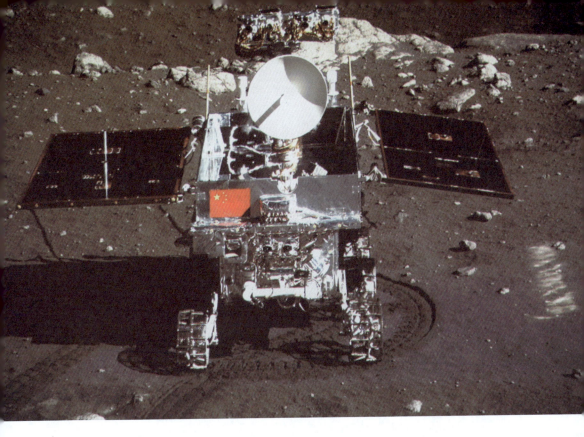

▲ 2013 年 12 月 14 日"嫦娥三号"成功着陆月球　　　　　（新华社记者　王建民/摄）

实现中华民族的崛起。从世界历史可以看出，西方国家的崛起是与其对外的大规模移民、殖民和掠夺密切联系的。没有对外的殖民和掠夺，就没有西方发达国家的富裕、崛起。即使在当今时代，西方所推行的新自由主义制度本质上仍是一种对外掠夺的制度。发达国家的富庶、繁荣，是以其对全球资源的霸占、掠夺为前提的。目前，美国的人口占全球 6%，却消耗了 35% 的世界资源。2011 年，美国环境智库"全球足迹网络"（Global Footprint Network）就明确指出："我们需要 5 个地球才能让全世界的人都过上美国式的生活。"如果中国照搬美国的模式，翻版美国的霸权梦的话，即使消耗全球所有资源也难以实现，而且这也必将遭到发达国家的遏制、责难。中国梦要想避免帝国梦、霸权梦的覆辙，给世界带来机遇而不是威胁，就不能重复西方的道路，就必须突破与超越西方发展模式，走中国特色的社会主义发展道路。

三十多年来，中国改革之所以能够经受种种风险考验，顺利推进并取得举世瞩目的成就，根本原因在于我们党始终坚持正确的改革方向和改革立场，既不走封闭僵化的老路，也不走改旗易帜的邪路。改革开放所取得的伟大成就雄辩地证明："中国特色社会主义，是科学社会主义理论逻辑和中国社会发展历史逻辑的辩证统一，是根植于中国大地、反映中国人民意愿、适应中国和时代发展进步要求的科学社会主义，是全面建成小康社会、加快推进社会主义现代化、实现中华民族伟大复兴的必由之路。"

✧ 二、坚定道路自信，继续开拓创新

在中国这样一个有着悠久历史文明和庞大人口的国家，要实现国家富强、民族复兴、人民幸福，不可能照搬别国道路，而必须走自己的路，即中国特色社会主义道路。中国特色社会主义道路，是我们党带领人民在改革开放的伟大实践中独立自主地开辟的。这条道路与当代中国发展进步的历史进程相伴而生、相随而行。当代中国的一切历史性成就和进步，都是紧紧依靠这条道路创造出来的。实践证明，中国特色社会主义道路，凝结着实现中华民族伟大复兴这个近代以来中华民族最根本的梦想，也体现着近代人类对社会主义的美好憧憬和不懈探索。梦在远方，路在脚下。实现中国梦，必须坚定道路自信。

第一，坚定道路自信，必须坚定不移地从社会主义初级阶段的实际出发，把马克思主义和中国实际相结合，不断开拓中国特

色社会主义新局面。马克思主义是我们的行动指南，但马克思主义不是教条，今天的世界已经发生巨大的变化，无论是马克思、恩格斯还是列宁，都不能为我们今天如何建设社会主义提供现成的答案。把马克思主义基本原理和中国具体实际相结合，走自己的路，这是总结中国共产党九十多年辉煌历程的深刻经验。改革开放以来，我们之所以取得巨大的成就，就在于我们坚持了科学社会主义的基本原则，抵制了偏离和抛弃社会主义基本制度的错误主张，又根据和平与发展的时代主题和社会主义初级阶段的最大实际，成功地开辟了中国特色社会主义道路。新世纪新阶段，世情国情党情都发生了深刻的变化，中国特色社会主义也必须随着形势和条件的变化而继续开拓创新。在全面深化改革的新阶段，我们必须坚定不移地坚持把马克思主义基本原理和中国具体实际相结合，继续独立自主地拓展和走好适合中国国情的发展道路。我们愿意借鉴人类一切文明成果，但绝不会照抄照搬任何国家的发展模式。只有走中国人民自己选择的道路，进一步开拓创新中国特色社会主义道路，才能走得通、走得好，才能战胜前进道路上的一切艰难险阻，全面建成小康社会，并最终实现中国梦。

第二，坚定道路自信，必须从历史的整体视野把握中国特色社会主义道路，增强民族自豪感。马克思曾指出："人们自己创造自己的历史，但是他们并不是随心所欲地创造，并不是在他们自己选定的条件下创造，而是在直接碰到的、既定的、从过去承继下来的条件下创造。"① 中国特色社会主义道路的发展，也有其历

① 《马克思恩格斯文集》第2卷，人民出版社2009年版，第470—471页。

史源头、历史前提、历史起点。习近平明确指出："中国特色社会主义是在改革开放历史新时期开创的，但也是在新中国已经建立起社会主义基本制度、并进行了20多年建设的基础上开创的。虽然这两个历史时期在进行社会主义建设的思想指导、方针政策、实际工作上有很大差别，但两者决不是彼此割裂的，更不是根本对立的。不能用改革开放后的历史时期否定改革开放前的历史时期，也不能用改革开放前的历史时期否定改革开放后的历史时期。"

一方面，必须明确地承认，改革开放实现了中国社会主义建设的伟大转折，开拓了中国特色社会主义新路。看不到这个转折点，不承认这个新起点，就不能正确地评价中国特色社会主义道路的创新性，以及开创这一道路的艰巨性。另一方面，也要看到，作为中国特色社会主义道路的制度基础、历史前提是在改革开放之前就已经确立了。毛泽东不仅领导中国人民建立了社会主义基本制度，而且在党的八大以后明确提出了"以苏为鉴""走自己的路"的口号，强调要"实现马克思主义和中国实际的第二次结合"，并为此做了艰辛、曲折的探索。毛泽东可以说是中国特色社会主义道路探索的开拓者。不承认这个历史前提、历史基础，抹杀这段时期的理论探索和实践经验，鼓吹历史虚无主义，就难于把握中国特色社会主义道路的继承性。改革开放前和改革开放后这两个历史阶段，是一个历史整体，本质上都是我们党领导人民进行社会主义建设的实践探索，都是为了实现国家繁荣富强和人民共同富裕。

中国道路，从其源头来说，也可以上溯到中国近代史的开端，其探索贯穿近代以来的整个历史过程。近代以来，中国错过了工业化的机会，以致在鸦片战争后陷于民族危亡的境地。为了改变落后挨打的局面，实现救亡图存、民族振兴，中国的先进分子进行了不懈的探索，有洋务派的工业强国梦，有维新派的改良梦，有资产阶级的共和梦，但最终都一一破碎。只有中国共产党开创了历史的新篇章。通过新民主主义革命，中国共产党建立了新中国，实现了民族的独立；通过建设和改革，中国共产党重新开始了现代化的伟大征程，在短短几十年的时间内走完了西方国家几百年的发展历程，使我们第一次与民族复兴的中国梦这样接近。可以说，中国特色社会主义道路是对鸦片战争以来无数仁人志士寻求中华民族伟大复兴之路的总结，是中国近代以来求独立、求解放、求发展、求富强的必然。

中国特色社会主义道路并不是横空出世的，它是在继承五千多年中华民族优秀文化传统的基础上创新出来的。民族文化是一个民族的独特标识。中华民族的优秀文化传统，是我们民族的"根"和"魂"，是最鲜明的中国特色，我们必须为拥有这个优秀文化传统而自豪，而不能妄自菲薄、弃如敝屣。丢掉了这个"根"和"魂"，中华民族的伟大复兴就没有根基了。中华民族的复兴内在地包含着民族文化的复兴。只有继承中华民族的优秀文化传统，中国特色社会主义道路才有坚实的基础，中国梦才能称得上是中华民族的伟大复兴之梦。

第三，坚定道路自信，必须在把握中国特色社会主义道路科学内涵的基础上编织多彩中国梦。党的十八大明确指出："中国特色社会主义道路，就是在中国共产党领导下，立足基本国情，以经济建设为中心，坚持四项基本原则，坚持改革开放，解放和发展社会生产力，建设社会主义市场经济、社会主义民主政治、社会主义先进文化、社会主义和谐社会、社会主义生态文明，促进人的全面发展，逐步实现全体人民共同富裕，建设富强民主文明和谐的社会主义现代化国家。"全面建成小康社会、实现中国梦，必须坚定道路自信，把发展作为第一要务，坚持经济、政治、文化、社会、生态文明全面发展，实现富强中国、民主中国、文明中国、和谐中国、美丽中国的多彩中国梦。

📚 **延伸阅读**

社会主义道路使
中国创造了奇迹

改革开放以来，从 1979 年到 2012 年，我国国内生产总值年均增长 9.8%，同期世界经济年均增速只有 2.8%。我国高速增长期持续的时间和增长速度超过了经济起飞时期的日本和亚洲"四小龙"，创造了人类经济发展史上的新奇迹。从 1978 年到 2010 年，我国的经济总量不断超过法国、英国、德国、日本，从世界第十位跃居到第二位，成为仅次于美国的世界第二大经济体。经济总量占世界的份额也由 1978 年的 1.8% 提高到 2013 年的 12.3%，国内生产总值（GDP）达到 568845 亿元。社会主义中国仅仅用几十年的时间就取得了西方资本主义国家用几百年所取得的经济成就。

世界十大经济体排行榜

（单位：10 亿美元）

年份	第1位	第2位	第3位	第4位	第5位	第6位	第7位	第8位	第9位	第10位
2012	美国 15684.750	中国 8227.037	日本 5963.969	德国 3400.579	法国 2608.699	英国 2440.505	巴西 2395.968	俄罗斯 2021.960	意大利 2014.079	印度 1824.832
2010	美国 14498.925	中国 5937.461	日本 5488.553	德国 3312.193	法国 2570.592	英国 2267.482	巴西 2142.926	意大利 2060.887	印度 1630.472	加拿大 1577.040
2005	美国 12599.260	日本 4552.194	德国 2790.003	英国 2291.673	中国 2265.831	法国 2137.772	意大利 1778.723	加拿大 1133.759	西班牙 1130.823	巴西 884.760
2000	美国 9916.360	日本 4667.449	德国 1902.080	英国 1478.541	法国 1329.736	中国 1196.599	意大利 1098.416	加拿大 724.916	巴西 643.950	墨西哥 630.028
1995	美国 7377.743	日本 5333.926	德国 2523.455	法国 1570.750	英国 1157.245	意大利 1126.249	巴西 769.214	中国 737.638	西班牙 596.928	加拿大 590.506
1990	美国 5770.043	日本 3048.709	德国 1658.649	法国 1245.813	意大利 1134.137	英国 1014.328	苏联 740.339	加拿大 582.731	西班牙 520.872	巴西 431.730
1985	美国 4196.593	日本 1360.129	苏联 914.118	德国 685.817	法国 544.679	英国 465.822	意大利 436.165	加拿大 355.707	中国 307.589	印度 228.655
1980	美国 2774.850	日本 1067.125	苏联 940.038	德国 888.467	法国 691.179	英国 542.093	意大利 460.090	加拿大 268.890	中国 232.793	西班牙 225.452
1975	美国 1623.700	苏联 685.972	日本 501.605	德国 474.791	法国 357.034	英国 236.470	意大利 219.392	加拿大 170.689	中国 161.162	巴西 115.881
1970	美国 1024.900	苏联 433.412	日本 209.071	德国 208.869	法国 146.985	英国 124.883	意大利 109.258	中国 91.506	加拿大 86.304	印度 61.332

注：表中数据是世界银行、联合国、国际货币基金组织的数据的平均值。

第二节　行动指南和理论支撑

没有革命的理论就没有革命的运动。近代以来之所以各种追梦的行动一一失败，就在于没有革命理论的指导。要在世界战略格局和社会环境急剧变化的形势下保持正确的指向，提出明确的思路、方法和对策，全面建成小康社会、实现中国梦，必须有科学的理论作为指导。这就是中国特色社会主义理论体系。

✧ 一、先进理论才能引导伟大梦想

中国特色社会主义理论体系，是马克思主义中国化的第二次理论飞跃，是包括邓小平理论、"三个代表"重要思想、科学发展观在内的科学理论体系。一方面，这一理论体系的各个成果一脉相承。它们有共同的理论源泉——马克思列宁主义、毛泽东思想，高举同一面旗帜——中国特色社会主义旗帜，同处于一个历史时期——社会主义初级阶段，同有一个时代主题——和平与发展，共同推进一个事业——改革开放和社会主义现代化。如习近平在十八届中央政治局第一次集体学习时所说，中国特色社会主义理论体系，是马克思主义中国化最新成果，包括邓小平理论、"三个代表"重要思想、科学发展观，同马克思列宁主义、毛泽东思想是坚持、发展和继承、创新的关系。另一方面，这一理论体系的各个成果之间存在着与时俱进的关系。在改革和建设的不同阶段，这三大理论成果围绕着不同的重大问题，作出了独特的理论贡献，形成了各自相对独立的理论。

中国特色社会主义理论体系具有系统性，它包括一系列重要的理论创新：关于社会主义初级阶段理论，关于社会主义改革开放理论，关于社会主义市场经济理论，关于社会主义本质理论，关于公有制为主体、多种所有制经济共同发展理论，关于科学技术是第一生产力理论，关于社会主义科学发展理论，关于社会主义和谐社会理论，关于社会主义民主政治建设理论，关于社会主义精神文明建设理论，关于社会主义生态文明建设理论，关于社会主义和平发展理论，关于"一国两制"和祖国和平统一理论，关于国防和军队建设理论，关于马克思主义执政党建设理论，等等。党的十八大提出了夺取中国特色社会主义新胜利必须牢牢把握的"八个必须"基本要求，这是对我们党坚持和发展中国特色社会主义新鲜经验的科学总结，用新的理论认识和实践经验进一步回答了坚持和发展中国特色社会主义这个重大问题，是我们党探索共产党执政规律、社会主义建设规律、人类社会发展规律取得的重大理论成果。这些新的重要理论的提出，是对马克思主义理论和科学社会主义的重大贡献，为全面建成小康社会、实现中国梦提供了重要的行动指南和理论支撑。

中国特色社会主义理论体系是被改革开放伟大实践所证明的正确理论。改革开放以来，中国之所以取得巨大成就，中国特色社会主义道路越走越宽广，中国特色社会主义制度越来越成熟，关键是我们党形成和发展了中国特色社会主义理论体系，赋予了当代中国马克思主义勃勃生机。中国特色社会主义理论体系，凝结着几代中国共产党人带领人民不懈探索实践的智慧和心血，是我们党最可宝贵的政治和精神财富，必须倍加珍惜，始终不渝地坚持。中国特色社会主义理论体系，以全新的视野深化了对共产党执政规律、社会主义建设规律、人类社会发展规律的认识，系统地回答了在中国这样人口多、底子薄的东方大国建设什么样的社会主义、怎样建设社会主义这个根本问题，因此它能够为实现以国家富强、民族振兴、人民幸福为内容的中国梦提供行动指南。中国特色社会主义理论体系是全国各族人民团结奋斗的共同思想基础，是全面建成小康社会、实现中国梦的"魂"，总揽一切工作的"纲"，是我们战胜一切风险和挑战的精神支柱。在全面建成小康社会、实现中国梦的前进道路上，只有坚持中国特色社会主义理论体系的指导，才能推动全党特别是各级领导干部坚定理想信念，增强为党和人民事业不懈奋斗的自觉性和坚定性，真正做到坚定不移、矢志不渝，才能有效地应对国际国内纷繁复杂形势的挑战，把握住正确的方向和目标，制定出正确的发展战略，不陷入歧途、迷途。

◇ 二、坚持理论自信，不为任何歪理邪说所惑

理论上的成熟是政治上坚定的基础，理论上的与时俱进是行动上锐意进取的前提。全面建成小康社会、实现中国梦，必须坚持中国特色社会主义理论体系为指导，坚定理论自信，正确处理三个方面的关系。

第一，坚定理论自信，必须正确理解中国特色社会主义理论体系与毛泽东思想的关系。马克思曾指出："问题是时代的格言，是表现时代自己内心状态的最实际的呼声。"① 毛泽东思想，是马克思主义中国化的第一次历史性飞跃，是在长期革命和建设实践中形成的，它主要是对战争与革命时代中国问题的马克思主义回答。而中国特色社会主义理论体系，作为马克思主义中国化的第二次历史性飞跃，它是在改革开放历史新时期的伟大实践中形成的，是对和平与发展成为时代主题条件下中国问题的马克思主义回答。在这个意义上说，中国特色社会主义理论体系不仅是个理论概念，也是个历史概念，它是当代中国的马克思主义。中国特色社会主义理论体系与毛泽东思想是继承与发展的关系。一方面，中国特色社会主义理论体系与

---

① 《马克思恩格斯全集》第 1 卷，人民出版社 1995 年版，第 203 页。

毛泽东思想都有共同的理论源泉——马克思列宁主义，而且新中国成立以来毛泽东的理论探索本身也为中国特色社会主义理论体系奠定了基础。如邓小平所说："我们搞改革开放，把工作重心放在经济建设上，没有丢马克思，没有丢列宁，也没有丢毛泽东。"[①] 另一方面，也必须明确看到，中国特色社会主义理论体系从改革开放和社会主义现代化建设的实际出发，创造性地提出了一系列适应时代要求的新思想新观点新论断。中国特色社会主义理论体系，开辟了改革开放的新阶段，并在新的时代条件下系统回答了什么是社会主义、怎样建设社会主义，建设什么样的党、怎样建设党，实现什么样的发展、怎样发展等重大理论和实际问题。在当代中国，坚持中国特色社会主义理论体系，就是坚持马克思主义。只有中国特色社会主义理论体系才能解决当代中国的发展问题。

第二，坚定理论自信，必须始终坚持马克思主义在意识形态领域的指导地位，不为任何歪理邪说所惑，自觉同形形色色的错误思潮划清界限。习近平在 2013 年 8 月召开的全国宣传思想工作会议上强调，意识形态工作是党的一项极端重要的工作，必须把意识形态工作的领导权、管理权、话语权牢牢掌握在手中，任何时候都不能旁落，否则就要犯无可挽回的历史性错误。西方的理论，无论是新自由主义还是社会民主主义，都不符合中国国情，也不可能为当代中国指出正确的发展道路和发展方向。2008 年以来的世界金融危机表明，新自由主义并不能解决资本主义的内在矛盾。社会民主主义及其倡导的福利主义也使西方陷入困境。同样，那种封闭僵化的观念，既不能紧跟时代发展变化，也远远落后于中国改革开放和

---

① 《邓小平文选》第三卷，人民出版社 1993 年版，第 369 页。

现代化建设实践，不可能为当代中国指出正确的发展道路和发展方向。中国特色社会主义理论体系是马克思主义中国化的最新成果，是我们党最可宝贵的政治和精神财富，是全国各族人民团结奋斗的共同思想基础，是扎根于当代中国的科学社会主义，是全面建成小康社会、实现中国梦的行动指南。

第三，坚定理论自信，必须坚持在实践中检验真理和发展真理，不断推进中国特色社会主义理论体系的创新。实践发展永无止境，理论创新也永无止境。中国特色社会主义理论体系是开放的、与时俱进的，而不是封闭的、僵化的。实现中国梦，坚定理论自信，坚持以中国特色社会主义理论体系为指导，也必须以改革开放和现代化建设的实际问题、以我们正在做的事情为中心，着眼于马克思主义理论的运用，着眼于对实际问题的理论思考，着眼于新的实践和新的发展，进一步推进中国特色社会主义理论体系的发展创新。只有不断创新中国特色社会主义理论体系，勇于回答时代提出的各种问题、各种挑战，才能永葆理论的先进性，才能为实现中国梦提供切实的指导。

信心决定成败。中国特色社会主义理论体系是被改革开放伟大实践所证明了的正确的理论，我们只有坚定不移地以中国特色社会主义理论体系为指导，坚定理论自信，才能行动坚定，才能破除前进道路上的种种艰难险阻，实现中国梦。

第三节　制度基础和重要保障

制度问题带有根本性、全局性、稳定性、长期性。全面建成小康社会、实现中国梦，需要通过健全的制度安排来协调各方面的利益关系，需要通过完善的规则提供保障。只有依托制度、信赖制度、恪守制度，才能有力地确保全面建成小康社会、实现中国梦。

◇　一、制度保障有力，梦想才能变成现实

全面建成小康社会、实现中国梦，必须坚定不移地坚持中国特色社会主义制度。"中国特色社会主义制度，就是人民代表大会制度的根本政治制度，中国共产党领导的多党合作和政治协商制度、民族区域自治制度以及基层群众自治制度等基本政治制度，中国特色社会主义法律体系，公有制为主体、多种所有制经济共同发展的基本经济制度，以及建立在这些制度基础上的经济体制、政治体制、文化体制、社会体制等各项具体制度。"中国特色社会主义制度，是中国共产党人为实现国家富强、民族振兴、人民幸福，在社会主义建设的长期实践中创造完善的伟大成果。中国特色社会主义制度，坚持把根本政治制度、基本政治制度同基本经济制度以及各方面体制机制等具体制度有机结合起来，坚持把国家层面民主制度同基层民主制度有机结合起来，坚持把党的领导、人民当家作主、依法治国有机结合起来，符合我国国情，集中体现了中国特色社会主义的特点和优势，是中国发展进步的根本制度保障。

中国特色社会主义制度的确立，巩固了中国特色社会主义道路探索和理论创新的成果。道路探索的进步和理论创新的成果都以制度的确立和完善为体现，制度的完善程度代表了道路发展和理论成熟的程度。中国特色社会主义制度，既规定了中国特色社会主义道路的探索必须坚持社会主义的前进方向，也规定了中国特色社会主

义理论体系的创新必须坚持社会主义的价值取向。

首先，中国特色社会主义制度是中国特色社会主义道路探索始终坚持社会主义方向的根本保证。如果说理论明确地指引着道路探索的方向，那么制度则有力地保障了道路的探索不会偏离方向。因为有了人民代表大会制度、中国共产党领导的多党合作和政治协商制度作为保障，中国特色社会主义民主政治道路的探索就不会走上资本主义的三权分立、两党制或多党制的歧途，就能有力地保证人民群众在政治上当家作主的地位。因为有了公有制占主体地位的基本经济制度作为保障，经济体制无论怎样改革，都不可能走向资本主义私有化的经济发展道路。中国特色社会主义制度是科学社会主义基本原则的体现，是中国特色社会主义道路的根基，正是因为有了中国特色社会主义制度作为保障，中国特色社会主义道路才是名副其实的社会主义道路，而不是西方学者所谓的"中国特色的资本主义道路"，也不是"中国特色的新自由主义道路"或者"中国特色的社会民主主义道路"。走中国特色社会主义道路，在任何方面的进步和完善，最终都应该落实到制度建设上面；任何方面的动摇，最终都可能反映为制度上的动摇。

其次，中国特色社会主义制度规定了中国特色社会主义理论创新必须坚持社会主义的价值取向。中国特色社会主义理论创新的目的，是为了解决在中国这样一个经济文化比较落后的国家如何发展社会主义的问题。而理论创新绝不是无原则的为创新而创新，必须坚持社会主义的基本原则，固守中国特色社会主义政治、经济、文化、社会制度为理论创新所划定的不可逾越的界限、原则。正是因为坚持中国特色社会主义制度的保障，我们的改革开放理论才不是全盘西化的理论，我们的市场经济理论才不是西方的私有化理论。

中国特色社会主义制度，决定了理论创新不是改旗易帜，而只能是在中国国情基础上围绕社会主义而进行的创新。

改革开放三十多年的伟大成就充分证明，中国特色社会主义制度是优越的制度、生命力旺盛的制度，中国特色社会主义制度是走中国道路的根本保证。如果没有制度的保证，要让中国在长达三十多年的时间里保持经济快速发展、维护安定团结的政治局面和社会稳定，这绝对是不可想象的。同样，要进一步实现国家富强、民族振兴、人民幸福的中国梦，也需要中国特色社会主义制度的有力保障。没有制度的有效保障，全面建成小康社会、实现中国梦就会成为美丽的谎言。

✧ 二、坚定制度自信，弘扬制度优势

全面建成小康社会、实现中国梦，必须对中国特色社会主义制度具有无比坚定的信念。中国特色社会主义制度是被改革开放的伟大成就所证明的具有无比优越性的制度，这是坚定制度自信的根据。

人民代表大会制度是最符合中国国情、具有极大优越性和伟大功效的根本政治制度。改革开放以来，正是由于我们坚持党的领导、人民民主和依法治国的统一，不断完善人民代表大会制度，不断推进社会主义民主政治，才极大地调动了社会各界建设社会主义和政治参与的积极性，促进了全国各族人民大团结，保证了国家的长治久安，使得改革开放取得了举世瞩目的成就。改革开放的巨大成就也充分证明，人民代表大会制度是符合我国国情的社会主义民主政治制度。

中国共产党领导的多党合作和政治协商制度，作为我国的一项基本政治制度，具有鲜明的中国特色和中国气派，反映了人民当家

作主的社会主义民主的本质，彰显了中国特色社会主义民主政治的特点和优势，具有无比的优越性和强大的生命力。这一制度强调求同存异、体谅包容、合作共事、民主监督的原则，促进了协商民主的发展，拓展了民主的内涵和形式，有利于充分调动全社会的积极性、主动性、创造性，避免中国共产党决策和工作失误，实现科学执政、民主执政、依法执政。这一制度强调和衷共济、团结协作，以合作和协商代替西方政党间的彼此倾轧，避免了多党相互攻讦，有利于减少内耗，不争论、不折腾，有利于保持国家政局稳定和社会安定团结。苏联、东欧社会主义国家的沉痛教训告诉我们，必须坚定不移地反对西方多党制、两党制，实行中国共产党领导的多党合作和政治协商制度。

坚持中国特色社会主义政治制度不动摇，必须坚决反对西方所鼓吹的普世价值和宪政民主，因为这些普世价值和宪政民主实质上

▼ **2008 年 8 月 8 日北京奥运会开幕** （新华社记者 徐家军 / 摄）

宣扬的是三权分立。我们需要民主，没有民主就没有社会主义，但我们所需要的是符合中国国情的社会主义民主。邓小平认为："民主只能逐步地发展，不能搬用西方的那一套，要搬那一套，非乱不可。"[①] 英国学者马丁·雅克认为："民主不应是抽象的概念，不能脱离历史和文化，也不是放之四海而皆准。因为，如果缺乏相应的环境，民主不但不会奏效，甚至还会带来灾难。民主必须自己慢慢地成长，而不应是强加的。"人类政治文明发展的历史也表明："几乎没有哪个国家的民主进程与经济腾飞是同步进行的。"[②] 中国共产党领导下的人民民主制度是世界上最重效率、最有效率的政治制度。近年来，中国在应对重大自然灾害，举办北京奥运会、上海世博会等方面取得了巨大成功，从根本上讲，靠的也是中国特色社会主义政治制度举国动员、民主集中的体制优势。

📚 **延伸阅读** ·······························

民主从来都是渐进的[③]

几乎没有哪个国家的民主进程与经济腾飞是同步进行的。英国工业革命发生在 18 世纪末叶到 19 世纪的头几十年，甚至到了 1850 年，也只有大概 1/5 的男性拥有选举权；到了 19 世纪 80 年代，英国的绝大部分男性才获得了选举权；工业革命之后 130 多年，也就是到了 1918 年，

---

① 《邓小平文选》第三卷，人民出版社 1993 年版，第 196 页。

② ［英］马丁·雅克：《当中国统治世界：中国的崛起和西方世界的衰落》，张莉、刘曲译，中信出版社 2010 年版，第 173 页。

③ 参见［英］马丁·雅克：《当中国统治世界：中国的崛起和西方世界的衰落》，张莉、刘曲译，中信出版社 2010 年版，第 173—174 页。

英国 30 周岁以上的女性才获得了选举权。其他西欧国家的情况也都大同小异，在经济高速发展的时期其实都是比较缺乏民主的。在工业革命时代的欧洲，最普遍的政体就是君主专制、君主立宪。美国的情况则较为不同。1860年，大部分美国白人男性都已拥有选举权，但绝大多数黑人实际上都没有。美国黑人直到 1965 年才获得选举权，而美国女性赢得选举权则是在 1920 年。再来看日本。日本到了 1925 年才引入男性普选权，之前正好是明治维新后日本经济开始高速发展的时期。

此外，欧洲列强也从未允许其殖民地国家的人民拥有选举权。

在不少东亚国家和地区，"先经济后民主"这样的模式同西方发达国家类似，比如日本在经济腾飞之前根本没有普选权。"亚洲四小龙"——韩国、中国台湾、中国香港以及新加坡，没有一个是在民主环境中实现经济腾飞的。当时，韩国和中国台湾都由军事领导人实行独裁统治；作为英国殖民地的中国香港也没有民主；而新加坡实行的则是高度集权和管制下的民主。这四个国家和地区的成就都得益于各自高效且具战略眼光的政府管理。

民族区域自治制度，是中国人民的伟大创造。中国是一个多民族的国家，有 56 个民族。在 55 个少数民族中，44 个民族实行了区域自治，实行自治的少数民族人口占少数民族总人口的 71%，面积占全国总面积的 64%。民族区域自治制度规定，民族自治地方的自治机关除了享有宪法规定的一般地方国家机关的权力外，还享有自治权，可以根据当地民族的特点制定自治条例和单行条例等地方性自治法规。这一基本制度，适应了我国民族大杂居、小聚居的特点，体现了国家充分尊重和保障各少数民族管理本民族内部事务权利的精神，体现了国家坚持实行各民族平等、团结和共同繁荣的原则。

基层群众自治制度，坚持了实体性民主与程序性民主的有机统一，有效地保障了人民群众依法直接行使民主选举、民主决策、民主管理和民主监督的权利，有利于维护人民群众的根本利益，确保人民的主人翁地位，提高群众的民主素质和民主管理能力。基层群众自治制度，是我国社会主义民主政治的一大特点，也是发展社会主义民主政治的一大政治优势。

公有制为主体、多种所有制经济共同发展的基本经济制度，也具有重大的优越性。这一基本经济制度是由我国处于社会主义初级阶段这一基本国情所决定的。它一方面能够促进资源配置的市场化，另一方面公有制的主体地位也确保了国家对市场经济具有强大的宏观调控能力，有利于实现社会公平、促进共同富裕。正是因为有强有力的宏观调控，才使得中国能够有效地应对国际金融危机的重大冲击，并迅速走出低谷。

邓小平曾指出："我们评价一个国家的政治体制、政治结构和政策是否正确，关键看三条：第一是看国家的政局是否稳定；第二是看能否增进人民的团结，改善人民的生活；第三是看生产力能否得到持续发展。"[1]实践证明，中国特色社会主义制度体现了科学

---

[1] 《邓小平文选》第三卷，人民出版社1993年版，第213页。

社会主义原则，符合中国社会主义初级阶段的基本国情，顺应了和平、发展、合作、共赢的时代潮流，具有巨大的优越性和强大的生命力。全面建成小康社会、实现中国梦，必须坚定制度自信，弘扬制度优势。

✧ 三、以制度创新开启梦想的大门

创新是民族进步的灵魂，是国家兴旺发达的不竭动力。实践发展永无止境，解放思想永无止境，改革开放永无止境，制度创新也永无止境。全面建成小康社会、实现中国梦，必须继续坚持全面深化改革的方针，大力推进制度创新，不断完善中国特色社会主义制度。

不断根据时代的发展推进制度创新是中国共产党的优良传统和政治优势。正是改革开放的一系列变革，带来了举世瞩目的成就。当前，改革进入攻坚期和深水区，面临着诸多难啃的硬骨头，以及伴随着改革而出现的新问题。如习近平所说："在认识世界和改造世界的过程中，旧的问题解决了，新的问题又会产生，制度总是需要不断完善，因而改革既不可能一蹴而就、也不可能一劳永逸。"面对这些问题，停止和倒退没有出路，而只能继续推进改革开放。正因此，党的十八届三中全会发出了全面深化改革和制度创新的动员令，推出了多项改革举措，为全面建成小康社会、实现中国梦开启方便之门。

坚持制度自信，并不意味着要故步自封，而是要在完善和发展中国特色社会主义制度的前提下，推进制度创新。党的十八届三中全会也旗帜鲜明地指出："全面深化改革的总目标是完善和发展中国特色社会主义制度，推进国家治理体系和治理能力现代化。"应该看到，中国特色社会主义制度是特色鲜明、富有效率的，但还不是尽善尽美、成熟定型的。中国特色社会主义事业不断发展，中国特色社会主义制度也需要不断完善。在一些具体制度建设方面还存在不少"空白点""裂隙点""松疏点"和"薄弱点"，甚至还有一些顽瘴痼疾。这些具体制度中存在的漏洞和弊端，在一定程度上会削减甚至抵消我们的根本制度优势，影响甚至改变人们对中国特色社会主义制度的总体评价，成为实现中国梦的重大障碍。习近平指出，我们要坚持以实践基础上的理论创新推动制度创新，坚持和完善现有制度，从实际出发，及时制定一些新的制度，构建系统完备、科学规范、运行有效的制度体系，使各方面制度更加成熟更加定型，为夺取中国特色社会主义新胜利提供更加有效的制度保障。只有以促进社会公平正义、增进人民福祉为出发点和落脚点，进一步解放思想、解放和发展社会生产力、解放和增强社会活力，坚决破除各方面体制机制弊端，完善和发展中国特色社会主义制度，才能为全面建成小康社会、实现中国梦提供强有力的制度保障。

坚持和完善中国特色社会主义制度，要处理好制度建设变与不变的关系。中国特色社会主义制度由根本层面的制度、基本层面的制度以及具体层面的制度构成。根本制度和基本制度事关国家根基、人民福祉，必须毫不动摇地坚持，在实践中不断完善，须臾不能背弃或偏离。具体制度特别是各种体制机制，是以根本制度和基本制度为基础构建发展起来的，必须根据经济社会领域的新情况新变化，及时加以变革创新。

推进制度创新，要处理好坚守本来与吸收外来的关系。在坚持社会主义基本制度的前提下，我们必须大胆借鉴人类一切文明成果。资本主义在几百年的发展中，在发展市场经济、提供社会保障和公共服务等具体制度方面，有不少有益的探索，可以为经济文化比较落后的社会主义国家提供借鉴。当然，这种吸收借鉴不是简单地照抄照搬，而必须去粗取精、去伪存真，立足中国实际进行创新。全面深化改革是为了党和人民事业的更好发展，不是为了赢得某些人的掌声，不是为了迎合某些人的诉求。在制度创新的过程中，我们必须始终保持清醒头脑，不为各种错误观点所左右，不为各种干扰所惑，不生搬硬套西方思想理论和制度模式，坚持一切从实际出发，以我为主，该改的坚决改，不能改的坚决守住，牢牢把握改革的方向，牢牢把握改革的领导权和主动权。

邓小平曾指出："我们的制度将一天天完善起来，它将吸收我们可以从世界各国吸收的进步因素，成为世界上最好的制度。"① 中国特色社会主义制度的发展和完善，必将为全面建成小康社会、实现中国梦提供坚实的制度支撑，在世界上不同制度模式的较量竞争中展现出自身优势。

▌ 本章小结 ▌ ···········

中国特色社会主义道路是全面建成小康社会、实现中国梦的必由之路。要从历史的必然性和现实的客观性中坚定道路自信。全面建成小康社会、实现中国梦，要坚持科学发展，在经济、政治、文化、社会、生态全面协调可持续发展的伟大实践中，放飞五彩缤纷的美好梦想。实现全面建成小康社会的宏伟目标和中华民族伟大复

---

① 《邓小平文选》第二卷，人民出版社 1994 年版，第 337 页。

兴的美好梦想需要先进理论的指导。中国特色社会主义理论体系是马克思主义中国化第二次历史性飞跃的理论成果，改革开放的巨大成就雄辩地证明，中国特色社会主义理论体系是正确的理论。要坚定这个理论自信，既反对把马克思主义教条化，也反对把西方理论教条化。要立足于改革开放的伟大实践和发展，不断推进理论创新，并以创新的理论指导新的实践。中国特色社会主义制度是中国特色社会主义道路和中国特色社会主义理论体系的结晶和根基。必须坚定制度自信，毫不动摇地坚持中国特色社会主义制度，决不照搬西方的三权分立和多党制、两党制、联邦制，决不搞私有化。同时，必须以坚定的勇气全面深化改革，推进中国特色社会主义制度的自我完善和创新发展。

思 考 题

1. 实现中国梦为什么需要坚定道路自信、理论自信、制度自信？

2. 实现中国梦为什么"既不走封闭僵化的老路，也不走改旗易帜的邪路"？

3. 实现中国梦为什么必须坚持马克思主义在意识形态领域的指导地位？

第 五 章

实现中国梦必须弘扬中国精神

"人总是要有一点精神的",这句简明扼要的话曾经激励了无数的中国人。个人如此,国家、民族更是如此。一个没有精神力量的民族难以自立自强,一个没有精神力量的国家难以发展繁荣。实现中国梦,不仅要在物质上强大起来,而且要在精神上强大起来。习近平指出:"实现中国梦必须弘扬中国精神。这就是以爱国主义为核心的民族精神,以改革创新为核心的时代精神。这种精神是凝心聚力的兴国之魂、强国之魂。"这充分体现了以习近平为总书记的党中央继往开来、高瞻远瞩的战略眼光,对国家、对民族、对人民的责任担当。

第一节　理想信念是共产党人精神之"钙"

伟大的梦想,呼唤伟大的精神作支撑;伟大的精神,推动伟大梦想的实现。中国梦蕴含着中华民族的复兴情结,更蕴含着中华民族特有的理想信念。其背后,是数千年的积淀、近百年的回响、亿万人的渴望。所有的一切,汇聚成一股强大的精神力量,推动着实现中国梦的进程不断向前。

✧　一、理想信念的巨大力量

理想信念作为一种人类特有的精神现象，是人们世界观、人生观和价值观在奋斗目标上的集中体现，是人们对于某种目标的向往、追求以及由此确立的坚定不移的精神状态。理想信念既可以是具体的，表现为对某事某物持有的某种观点和看法；也可以是普遍的，表现为对宇宙人生、国家民族前途命运的总体性观念。在现实生活中，人们总是自觉或不自觉地按照自己的理想信念去工作、去生活、去选择。理想信念在最深层意义上决定着人们想什么不想什么、做什么不做什么。不论什么样的理想信念，一旦形成，就会成为支配和决定人们行为的稳定精神动机。理想信念就像人生的"主心骨"，是人的全部价值观念的"发动机"，是思想和行动的"总开关"。很难想象，一个没有坚定理想信念的人，能够作出突出的成就；也很难想象，一个失去信仰的人，能够在逆境中奋起，成就一番丰功伟业。

理想信念源自现实又高于现实，既是对现实的反映又是对现实的超越。一方面，理想信念是对现实的反映。时代不同，社会性质不同，所形成的理想信念也不同。随着社会的发展变化和人们认识的不断深化，理想信念也会随之发生变化。另一方面，理想信念是对现实的超越。理想信念虽然根源于现实，但不是对现实的"照镜子"式的简单反映，而是基于特定期盼和追求基础上的对现实的超越。总的来看，理想信念既植根于现实土壤之中，又引领现实的发展。在理想信念和现实的关系问题上，要注意克服两种错误倾向：

一种倾向是用理想来否定现实，当发现现实与理想不符合时，就大失所望，甚至对现实采取彻底否定的态度；另一种倾向是用现实来否定理想，当发现理想和现实存在矛盾时，就放弃理想信念，随波逐流。

理想信念的力量是巨大的。如果把社会现实比作大海，把人生比作小舟，那么理想信念就是引航的灯塔和前进的风帆。从历史上看，为了自己的理想信念，无数仁人志士，可以"鞠躬尽瘁，死而后已"，可以"富贵不能淫，贫贱不能移，威武不能屈"，可以"先天下之忧而忧，后天下之乐而乐"。在特定历史时期，特别是在历史转折关头，理想信念的力量体现得尤为明显。近代以来，中华民族一代又一代仁人志士为了民族独立和人民解放，不惜抛头颅、洒热血，靠的就是一种信念，为的就是一个理想。在革命战争年代，无数共产党人在战场上擦干身上的血迹、掩埋好战友的尸体继续战斗，靠的就是对共产主义崇高理想的坚贞不渝、矢志不移。尽管他们也知道，他们所追求的理想并不一定会在自己手中实现，但他们坚信，一代又一代人持续努力，一代又一代人作出牺牲，无限崇高的理想一定能够实现。就像一位革命先烈所说："砍头不要紧，只要主义真"，这就是理想信念无与伦比的巨大力量。

实现共产主义是共产党人的远大理想。共产党在成立之初，就明确把消除剥削压迫、实现人类解放作为自己的最终目标和崇高理想。正是在这一理想信念的激励下，社会主义从理想变为现实，从实践变为制度，深刻影响了世界历史的进程，大大推动了人类社会的进步。共产主义理想不是什么虚幻的"乌托邦"，而是有着现实依据并能够通过现实努力逐步实现的美好追求。这种追求，就其表现形式来说，是指向遥远未来的；就其根源来说，则是深深扎根于现实生活之中的。它是建立在对人类社会发展规律科学分析基础之上的，是对未来社会的科学预见，也是通过努力完全可以实现的。对共产主义理想的信仰，本质上是对科学的信仰。在当代中国，建设中国特色社会主义是我们的共同理想。

新中国成立后不久，毛泽东就号召全党同志要保持过去革命战争时期的那么一股劲，那么一股革命热情，那么一种拼命精神，把革命工作做到底。邓小平多次指出："为什么我们过去能在非常困难的情况下奋斗出来，战胜千难万险使革命胜利呢？就是因为我们有理想，有马克思主义信念，有共产主义信念。"[①] 他还说："光靠物质条件，我们的革命和建设都不可能胜利。过去我们党无论怎样弱小，无论遇到什么困难，一直有强大的战斗力，因为我们有马克思主义和共产主义的信念。"[②] 习近平指出："把践行中国特色社会主义共同理想和坚定共产主义远大理想统一起来，坚决抵制抛弃社会主义的各种错误主张，自觉纠正超越阶段的错误观念和政策措施。只有这样，才能真正做到既不妄自菲薄、也不妄自尊大，扎扎实实夺取中国特色社会主义新胜利。"正是凭着这股理想信念的力量，我们党从诞生于一叶扁舟上的只有几十人的小党，成长为今天拥有八千多万党员的世界第一大执政党；我们的国家从一个一穷二白、积贫积弱、满目疮痍的穷国，发展成今天的世界第二大经济体。

在今天的和平建设时期，环境变了，面对的形势和任务不同了，但理想信念不能变。否则，无论经济怎样发展、国家如何强

① 《邓小平文选》第三卷，人民出版社 1993 年版，第 110 页。
② 《邓小平文选》第三卷，人民出版社 1993 年版，第 144 页。

大，离开了崇高的理想信念，都要自毁长城，难以自立于世界民族之林。苏联解体、苏共垮台就是深刻的教训。苏联共产党在有20万党员时夺取了政权，在有200万党员时打败了法西斯侵略者，在有2000万党员时却丧失了政权。原因固然很多，但理想信念的动摇和丧失却是其中一个不可忽视的重要原因。对于每一个党员干部来说，理想信念都不是奢侈品，而是必需品。

ⓘ _案 例_

"一个永不退休的共产党员"——杨善洲

"杨善洲，杨善洲，老牛拉车不回头，当官一场手空空，退休又钻山沟沟；二十多年绿荒山，拼了老命建林场，创造资产几个亿，分文不取乐悠悠……"这首流传于

▲ 杨善洲

（新华社发）

滇西保山市施甸县的民谣，不仅唱出了当地群众对云南省原保山地委书记杨善洲的敬重，还生动地向世人诠释了一名共产党人 60 年如一日对理想信念的坚守。

杨善洲，1927 年出生，1951 年参加工作，曾任云南保山地委书记，1988 年退休。他从事革命工作近 40 年，两袖清风，一心为民。退休后，主动放弃进省城安享晚年的机会，扎根大亮山，义务植树造林，一干就是 22 年。2009 年 4 月，杨善洲把自己辛苦创办的面积 5.6 万亩、价值 3 亿元的大亮山林场的经营管理权，无偿交给国家。杨善洲用一辈子的实际行动，坚守着共产主义的理想信念，坚守了共产党人的精神家园。

❖ 二、增强理想信念为实现中国梦贡献力量

在革命、建设、改革的各个历史时期，中国共产党人和中国人民克服了种种艰难险阻，创造了一个又一个人间奇迹，凝聚成一个又一个永远激励后人的崇高精神财富。革命战争年代的井冈山精神、长征精神、延安精神、西柏坡精神、红岩精神，社会主义建设时期的抗美援朝精神、大庆精神、雷锋精神、"两弹一星"精神，改革开放新时期的抗洪精神、抗震救灾精神、北京奥运精神、载人航天精神，这些精神与中国共产党领导的中国革命、建设和改革的历程紧密联系在一起，成为中华民族生命体中不可分割的重要成分，也成为中华民族精神的重要组成部分。中华民族生生不息、薪火相传、奋发进取，靠的就是这样的精神；在新的历史时期，抓住机遇，加快发展，由贫穷走向富强，靠的也是这样的精神；全面建

成小康社会，在中国特色社会主义道路上实现中国梦，还是要靠这样的精神。

经过几十年的快速发展，中国经济和社会发展取得了举世瞩目的成就。与此同时，长期以来积累的社会矛盾也开始集中凸显出来，改革逐渐进入攻坚期和深水区，改革的复杂性和艰巨性前所未有。不改革没有前途，改革必然要触及深层利益。我们党选择以壮士断腕的决心坚定不移地全面深化改革开放，全面建成小康社会。在新的时代背景下，社会结构深刻变动，思想观念多元多变，利益格局空前复杂，各种诱惑防不胜防，进一步坚定理想信念，永葆共产党员的先进性和纯洁性，比以往任何时候都更为紧要，也更为困难。

关于理想信念问题，从总体上看，我们党的状况是好的。广大党员干部和人民群众对中国共产党的领导十分拥护，对于建设中国特色社会主义、全面建成小康社会的伟大事业充满必胜的信心。但毋庸讳言，也有一些党员干部放松了对自己的要求，为政不廉，作风不正，淡漠、动摇甚至丧失了共产主义的理想信念，陷入崇拜金钱的泥坑，利用各种手段聚敛财富，甚至突破党纪国法的底线，最终滑进了违法犯罪的深渊。表面来看，是一个经济问题，但从深层次上看，却是理想信念问题。就像习近平所指出的："理想信念就是共产党人精神上的'钙'，没有理想信念，理想信念不坚定，精神上就会'缺钙'，就会得'软骨病'。""一些党员、干部出这样那样的问题，说到底是信仰迷茫、精神迷失。"因此，必须进一步加强理想信念教育，把理想信念教育放到更突出位置上来。

中国共产党领导人论理想信念

毛泽东	"我们共产党人从来不隐瞒自己的政治主张。我们的将来纲领或最高纲领，是要将中国推进到社会主义社会和共产主义社会去的，这是确定的和毫无疑义的。我们的党的名称和我们的马克思主义的宇宙观，明确地指明了这个将来的、无限光明的、无限美妙的最高理想。"	《论联合政府》，《毛泽东选集》第三卷，人民出版社1991年版，第1059页。
邓小平	"根据我长期从事政治和军事活动的经验，我认为，最重要的是人的团结，要团结就要有共同的理想和坚定的信念。我们过去几十年艰苦奋斗，就是靠用坚定的信念把人民团结起来，为人民自己的利益而奋斗。没有这样的信念，就没有凝聚力。没有这样的信念，就没有一切。"	《用坚定的信念把人民团结起来》，《邓小平文选》第三卷，人民出版社1993年版，第190页。
江泽民	"面对改革开放和现代化建设这场深刻而伟大的历史变革，全党同志必须在改造客观世界的同时努力改造主观世界，坚定社会主义、共产主义的理想信念，坚持全心全意为人民服务的宗旨，发扬为人民利益甘于奉献的精神。"	《宣传思想战线的主要任务》，《江泽民文选》第一卷，人民出版社2006年版，第500页。
胡锦涛	"崇高的理想信念，始终是共产党人保持先进性的精神动力。共产主义理想和社会主义信念，是建立在马克思主义揭示的人类社会发展规律的基础之上的，因而是科学的理想信念。中国特色社会主义，符合中国国情，符合全国各族人民的利益，因而是中国发展、走向富强的正确道路。共产党员有了这样的理想信念，就有了立身之本，站得就高了，眼界就宽了，心胸就开阔了，就能自觉为党和人民的事业而奋斗。"	《在新时期保持共产党员先进性专题报告会上的讲话》，《十六大以来重要文献选编》（中），中央文献出版社2006年版，第620—621页。
习近平	"坚定理想信念，坚守共产党人精神追求，始终是共产党人安身立命的根本。对马克思主义的信仰，对社会主义和共产主义的信念，是共产党人的政治灵魂，是共产党人经受住任何考验的精神支柱。形象地说，理想信念就是共产党人精神上的'钙'，没有理想信念，理想信念不坚定，精神上就会'缺钙'，就会得'软骨病'。"	《紧紧围绕坚持和发展中国特色社会主义 学习宣传贯彻党的十八大精神——在十八届中共中央政治局第一次集体学习时的讲话》，人民出版社2012年版，第11页。

在新的历史条件下强化理想信念教育，必须把坚定中国特色社会主义的理论自信放到首要位置。中国共产党作为一个用科学理论武装起来的马克思主义政党，历来重视理论建设，坚持以高度的理论自觉不断总结经验，不断开辟马克思主义中国化的新境界。在建设中国特色社会主义的伟大实践中，我们党坚持把马克思主义基本原理同中国实际和时代特征相结合，创立和发展了中国特色社会主义理论体系，把对中国特色社会主义规律的认识提高到新的水平。党的十八大指出，中国特色社会主义理论体系是行动指南，要坚持不懈用中国特色社会主义理论体系武装全党、教育人民。大力弘扬理论联系实际的学风，引导广大党员干部紧密结合实际、深入学习中国特色社会主义理论体系，做到真学、真懂、真信、真用，不断提高理论素质、党性修养和综合素质，增强政治敏锐性和政治鉴别力，树立正确的世界观、人生观、价值观，更好地为坚持和发展中国特色社会主义服务。

习近平指出："衡量一名共产党员、一名领导干部是否具有共产主义远大理想，是有客观标准的，那就要看他能否坚持全心全意为人民服务的根本宗旨，能否吃苦在前、享受在后，能否勤奋工作、廉洁奉公，能否为理想而奋不顾身去拼搏、去奋斗、去献出自己的全部精力乃至生命。一切迷惘迟疑的观点，一切及时行乐的思想，一切贪图私利的行为，一切无所作为的作风，都是与此格格不入的。"每一位党员干部都要自觉按照这种标准来给自己照照镜子，检查自己，要求自己，真正成为中国特色社会主义理想的坚定信仰者和忠实践行者，为实现中国梦而努力奋斗。

第二节　挺立起中华民族复兴的精神脊梁

民族精神是一个民族在长期共同社会实践中形成的民族意识、民族心理、民族品格、民族气质的总和，是民族文化中固有的延绵不断的一种历史文化传统，是民族文化最本质、最集中的体现，是民族文化的核心和灵魂。它不仅为本民族绝大多数人所认同，而且成为促进民族发展的强大动力。民族精神不是一成不变的，相反，它有着自己鲜活的生命，其血脉在历史中流动，其心脏在时代中跳动。

✧ 一、爱国主义是中华民族的精神支柱

民族精神是一个民族赖以生存和发展的精神支撑。一个民族，没有振奋的精神和高尚的品格，不可能自立于世界民族之林。一个民族的发展昌盛，不仅要看它是否具有强大的物质形态的硬实力，而且要看它是否具有强大的精神形态的软实力。一个民族具有怎样的精神状态，关乎这个民族的兴衰成败。纵观世界文明史，无数的历史事实证明，一个精神萎靡、封闭僵化的民族，不仅其民族文化容易被侵蚀和抹灭，而且其民族自身都难以保存下来；一个精神振奋、昂扬向上的民族，则不断地披荆斩棘，从一个辉煌走向另一个辉煌。

习近平指出："中华民族具有 5000 多年连绵不断的文明历史，创造了博大精深的中华文化，为人类文明进步作出了不可磨灭的贡献。经过几千年的沧桑岁月，把我国 56 个民族、13 亿多人紧紧凝

聚在一起的，是我们共同经历的非凡奋斗，是我们共同创造的美好家园，是我们共同培育的民族精神，而贯穿其中的、最重要的是我们共同坚守的理想信念。"这也是使中华民族能够成为世界上唯一从未中断过历史进程，并且创造出辉煌灿烂文明的民族的重要原因。

中华民族精神的核心是爱国主义，爱国主义是中华民族的优良传统和精神支柱。爱国主义作为"千百年来固定下来的对自己的祖国的一种最深厚的感情"，始终是推动社会历史前进的巨大精神力量。在中华民族五千多年的历史长河中，中华儿女不仅创造了灿烂的中华文化，而且形成了源远流长的爱国主义传统。这种爱国主义传统已经深深融入到了中华民族的血脉之中，成为对内凝聚民族力量，对外树立民族形象的一面旗帜。从屈原的"虽九死其犹未悔"，到文天祥的"人生自古谁无死，留取丹心照汗青"；从林则徐的"苟利国家生死以，岂因祸福避趋之"，到孙中山的救亡图存、"振兴中华"；从毛泽东立志"改造中国与世界"，再到邓小平的"我是中国人民的儿子，我深情地爱着我的祖国和人民"，无数中华民族的优秀儿女以其彪炳千秋的爱国行为构筑并发扬着中华民族爱国主义的民族精神。这个民族精神，是古往今来千千万万中国人奋发向上、百折不挠的精神支柱，是中华民族生生不息、发展壮大的强大精神动力。

✧　二、爱国主义是实现中国梦的精神力量

在中华民族漫长的发展历程中，曾经遭遇过无数的艰难险阻，正是依靠在爱国主义旗帜下熔铸而成的民族精神，才把我国各族人

民紧紧凝聚在一起，中国人民才经受住了各种困难和风险的考验，保持了生机勃发的精神气质和昂扬向上的精神品格。历经中华民族五千多年的历史长河，爱国主义传统已经深深地融入了中华民族的民族意识、民族性格和民族气概之中，成为我国各族人民弥足珍贵的精神财富。正如习近平所指出的："中国传统文化博大精深，学习和掌握其中的各种思想精华，对树立正确的世界观、人生观、价值观很有益处。古人所说的'先天下之忧而忧，后天下之乐而乐'的政治抱负，'位卑未敢忘忧国'、'苟利国家生死以，岂因祸福避趋之'的报国情怀，'富贵不能淫，贫贱不能移，威武不能屈'的浩然正气，'人生自古谁无死，留取丹心照汗青'、'鞠躬尽瘁，死而后已'的献身精神等，都体现了中华民族的优秀传统文化和民族精神，我们都应该继承和发扬。"

作为民族精神的核心，爱国主义是一个历史范畴，在社会发展的不同阶段、不同历史时期具有不同的具体内涵。在古代中国，爱国主义主要表现为热爱祖国的大好山河，创造灿烂的中华文化；反抗外族入侵，捍卫国家主权和民族尊严；反对民族分裂，维护国家统一和民族团结。在近代中国，爱国主义主要表现为致力于推翻帝国主义、封建主义和官僚资本主义反动统治的斗争，把黑暗的旧中国改造成为光明的新中国。在当代中国，爱国主义和社会主义在本质上是一致的，建设中国特色社会主义是新时期爱国主义的鲜明主题。

今天，我们正面临全面深化改革，全面建成小康社会、实现中国梦的历史使命。习近平强调："中国梦意味着中国人民和中华民族的价值体认和价值追求，意味着全面建成小康社会、实现中华民族伟大复兴，意味着每一个人都能在为中国梦的奋斗中实现自己的梦想，意味着中华民族团结奋斗的最大公约数，意味着中华民族为人类和平与发展作出更大贡献的真诚意愿。"这对我们每一个党员干部都提出了新要求。必须进一步弘扬以爱国主义为核心的中国精神，把爱国之情和报国之行统一起来，把爱国主义热情转换为实际行动，为实现中国梦书写出无愧于时代、无愧于人民、无愧于历史的绚丽篇章。

ⓘ _案 例_

以焦裕禄精神为标杆

焦裕禄，1962 年被调到河南省兰考县担任县委书记。在带领全县人民封沙、治水、改地的斗争中，焦裕禄身

▲ 焦裕禄

(新华社发)

先士卒，以身作则。他经常钻进农民的草庵、牛棚，同普通农民同吃同住同劳动。焦裕禄满心装着人民群众，唯独没有他自己。他经常肝部痛得直不起腰、骑不了车，即使这样，他仍然用手或硬物顶住肝部，坚持工作、下乡，直至被强行送进医院。1964 年 5 月 14 日，年仅 42 岁的焦裕禄被肝癌夺去了生命。他临终前对组织提的唯一要求是："把我运回兰考，埋在沙堆上。活着我没有治好沙丘，死了也要看着你们把沙丘治好。"焦裕禄一生为党为公、亲民爱民、艰苦奋斗、无私奉献，用生命践行着共产党员的理想信念。这是他留给后人最宝贵的精神财富。

2014 年 3 月 18 日，习近平在兰考调研时，听取兰考县教育实践活动情况汇报后指出，教育实践活动的主题与焦裕禄精神是高度契合的，要把学习弘扬焦裕禄精神作为一条红线贯穿活动始终，做到深学、细照、笃行。习近平强调，今天学习焦裕禄，要特别学习弘扬他"心中装着全体人民、唯独没有他自己"的公仆情怀；凡事探求就里、"吃别人嚼过的馍没味道"的求实作风，"敢教日月换新天""革命者要在困难面前逞英雄"的奋斗精神；艰苦朴素、廉洁奉公、"任何时候都不搞特殊化"的道德情操。

第三节　进一步弘扬改革创新的时代精神

每一个时代都有与之相适应的时代精神。时代精神不仅是时代发展的重要标志，而且是推动社会发展的重要动力。所谓时代精神，是指一个社会在创造性实践中激发出来的，反映社会进步的发展方向、引领时代进步潮流、为社会成员普遍认同和接受的思想观念、价值取向、道德规范和行为方式，是一个社会最新的精神气质、精神风貌和社会时尚的综合体现。

❖ 一、改革创新是时代的最强音

任何一个国家、一个民族无不处在特定时代当中，能否正确认识时代问题、把握时代精神，与国家民族的前途命运息息相关。时代精神不是凝固不变的，而是与时俱进、永续发展的。中国共产党在领导中国人民进行革命、建设和改革的过程中，历来重视培育时代精神，并发挥其对社会和人自身发展的动力作用。

以改革创新为核心的时代精神，是中华民族富于进取的思想品格和马克思主义与时俱进的理论特征与中国革命、建设、改革实践相结合的伟大成果，是中华民族永续发展的不竭动力。中华民族是富有创新精神的民族，中华文明历来注重自强不息、革故鼎新，不仅以四大发明、万里长城、京杭大运河等伟大创造闻名于世，而且以不断变革创新的实践彪炳人类变法自强的史册。

改革开放以来，在深化改革、扩大开放的历史进程中，在我们党的正确领导下，中国人民锐意进取、敢为人先的创新精神不断迸发，理论创新、制度创新、科技创新等全面推进。从小岗村鲜红的手印到三天一层楼的"深圳速度"，从股市带来的全民投资热潮到贡献了六成国内生产总值的中小企业，三十多年来改革创新精神激荡神州，造就了历史巨变，成就了今日中国。在实现民族复兴的历史征程中，改革创新始终是激励我们在时代发展中与时俱进的精神动力。正像邓小平在南方谈话中所指出的：没有一点闯的精神，没有一点冒的精神，就走不出一条新路，就干不出新的事业。

在经济全球化不断推进的今天，创新能力在国与国之间竞争中的地位和作用日益突出。一个国家如果因循守旧，忽视创新精神的培育，束缚创新能力的开发，不仅将错失发展机遇，而且将面临被世界发展大潮淘汰的危险。习近平指出："创新是民族进步的灵魂，是一个国家兴旺发达的不竭源泉，也是中华民族最深沉的民族禀赋，正所谓'苟日新，日日新，又日新'。"这就要求我们必须倾听时代的呼声，反映实践的要求，在创造中继承，在推陈中出新，为实现中国梦提供强大精神动力。

 延伸阅读

大力弘扬载人航天精神

伟大的事业孕育伟大的精神，伟大的精神推动伟大的事业。载人航天工程是当今世界高新技术发展水平的集中体现，是衡量一个国家综合国力的重要标志。在实施载人航天工程的进程中，中国航天人牢记党和人民的重托，满怀为国争光的雄心壮志，自强不息，顽强拼搏，团结协作，开拓创新，取得了一个又一个辉煌成果，也铸就了特别能吃苦、特别能战斗、特别能攻关、特别能奉献的载人航天精神。这是以爱国主义为核心的伟大民族精神和以改革创新为核心的时代精神的生动体现，是井冈山精神、延安精神、"两弹一星"精神、九八抗洪精

神、抗击"非典"精神的光荣传承，是我们党、国家、军队和人民的宝贵精神财富，值得全国人民认真学习和大力弘扬。

◇ 二、改革创新是实现中国梦的强大精神动力

党的十八大以来，以习近平为总书记的新一届中央领导集体作出了在新的历史起点上全面深化改革的重要决定和重大部署，要求进一步解放思想、解放和发展社会生产力、解放和增强社会活力，坚决破除各方面的体制机制弊端，努力开拓中国特色社会主义事业更加广阔的前景。习近平指出："我们要尊重人民首创精神，在深入调查研究的基础上提出全面深化改革的顶层设计和总体规划，尊重实践、尊重创造，鼓励大胆探索、勇于开拓，聚合各项相关改革协调推进的正能量。"这就把改革创新的时代精神提升到了一个新的境界。

伟大的事业呼唤伟大的精神。以改革创新为核心的时代精神，是马克思主义与时俱进的理论品格、中华民族富于进取的思想品格与改革开放和现代化建设实践相结合的伟大精神成果，已经深深融入到了我国经济、政治、文化和社会建设的各个方面，成为各族人民不断开创中国特色社会主义事业新局面的强大精神力量。在全面建成小康社会，实现中华民族伟大复兴中国梦的历史征程中，我们要大力弘扬时代精神，充分发挥时代精神的引领和激励作用。

民族精神和时代精神，寄托着民族的希望，昭示着国家的未来。用民族精神和时代精神凝聚力量、激发活力，让伟大的民族精

神和时代精神相互激荡、相互砥砺，必将壮大我们民族进步的血脉，增强我们国家发展的动力，激励全体中国人民继往开来，开拓创新，成就伟业。

第四节　培育和践行社会主义核心价值观

作为人类特有的一种精神形态，价值观指人们关于基本价值的信念和信仰系统。价值观的基础和来源，在于它是人们价值状况和实践经验的反映和凝结。不同民族、不同国家由于其自然条件和发展历程不同，产生和形成的核心价值观也各有特点。一个民族、一个国家的核心价值观必须同这个民族、这个国家的历史文化相契合，同这个民族、这个国家的人民正在进行的奋斗相结合，同这个民族、这个国家需要解决的时代问题相适应。

◇ 一、培育和践行社会主义核心价值观的重要意义

一个社会的价值观体系往往由多种价值观构成，各种价值观的地位互不相同。核心价值观是指在一个社会中占主导地位的价值理念，是一种社会普遍遵循的基本原则。核心价值观是整个社会价值体系中最基础、最核心的部分，是人类社会文明进步的精神标志和结晶，是个人、社会和国家长期秉承的根本原则。简而言之，核心价值观是起主导和支配作用的价值观，一般价值观是从属于核心价值观并受核心价值观决定和支配的价值观。

人类社会发展的历史表明，对一个民族、一个国家来说，最持

久、最深层的力量是全社会共同认可的核心价值观。核心价值观，承载着一个民族、一个国家的精神追求，体现着一个社会评判是非曲直的价值标准。我国是一个有着 56 个民族、13 亿多人口的大国，确立反映全国各族人民共同认同的价值观"最大公约数"，建构具有强大感召力的核心价值观，使全体人民同心同德、团结奋进，关乎国家前途命运，关乎人民幸福安康。

社会主义核心价值观是指在社会主义价值体系中居于统治地位、具有引导作用的价值理念，它从价值层面深刻地回答了"什么是社会主义、怎样建设社会主义"这两个高度相关的问题。社会主义核心价值观是社会主义意识形态的本质体现，它决定着国家意识形态竞争的关键，决定着国家社会的发展和未来。

如何在多变的社会文化环境中塑造社会成员正确的世界观和人生观、构建社会主义核心价值观，是时代提出的重大课题。面对世界范围思想文化交流交融交锋形势下价值观较量的新态势，面对全面深化改革和全面建成小康社会形势下思想意识多元多样多变的新特点，积极培育和践行社会主义核心价值观，对于巩固马克思主义在意识形态领域的指导地位、巩固全党全国人民团结奋斗的共同思想基础，对于促进人的全面发展、引领社会全面进步，对于凝聚全面建成小康社会、实现中国梦的强大正能量，具有重要的现实意义和深远的历史意义。

党的十八大提出，倡导富强、民主、文明、和谐，倡导自由、平等、公正、法治，倡导爱国、敬业、诚信、友善，积极培育和践行社会主义核心价值观。这与中国特色社会主义发展要求相契合，与中华优秀传统文化和人类文明优秀成果相承接，是我们党在凝聚全党全社会价值共识基础上作出的重要论断。富强、民主、文明、和谐是国家层面的价值目标，自由、平等、公正、法治是社会层面的价值取向，爱国、敬业、诚信、友善是公民个人层面的价值准则，这 24 个字是社会主义核心价值观的基本内容，为培育和践行社会主义核心价值观提供了基本遵循，标志着我们党在新的历史起点上把社会主义核心价值观建设推进到了一个新阶段和新高度。

习近平指出，富强、民主、文明、和谐，自由、平等、公正、法治，爱国、敬业、诚信、友善，传承着中国优秀传统文化的基因，寄托着近代以来中国人民上下求索、历经千辛万苦确立的理想和信念，也承载着我们每个人的美好愿景。我们要在全社会牢固树立社会主义核心价值观，全体人民一起努力，通过持之以恒的奋斗，把我们的国家建设得更加富强、更加民主、更加文明、更加和谐、更加美丽，让中华民族以更加自信、更加自强的姿态屹立于世界民族之林。

◇　二、培育和践行社会主义核心价值观的文化支撑

任何梦想的实现，都离不开精神和信仰的支撑。任何伟大事业的背后，都必然存在着无形的精神力量。中国梦之所以具有强大的吸引力和感召力，就在于它不仅生动形象地展示了国家民族的美好前景，而且集中反映了社会主义核心价值观的内在要求，体现了国家价值、社会价值和个人价值的完美融合。社会主义核心价值观之所以能够获得最广大人民群众的普遍认可，是因为它集中体现了13 亿多中国人的共同愿望和共同期盼。社会主义核心价值观是中国梦最鲜明的精神文化标记，是中国梦的精髓和灵魂。培育和践行社会主义核心价值观是"铸魂工程"，对实现中国梦起着凝聚人心、

激发活力的引领和推动作用。

培育和践行社会主义核心价值观必须立足中华优秀传统文化。牢固的核心价值观，都有其固有的根本。抛弃传统、丢掉根本，就等于割断了自己的精神命脉。博大精深的中华优秀传统文化是我们在世界文化激荡中站稳脚跟的根基。习近平指出："中华文明绵延数千年，有其独特的价值体系。中华优秀传统文化已经成为中华民族的基因，植根在中国人内心，潜移默化影响着中国人的思想方式和行为方式。今天，我们提倡和弘扬社会主义核心价值观，必须从中汲取丰富营养，否则就不会有生命力和影响力。"中华优秀传统文化源远流长，积淀着中华民族最深层的精神追求，代表着中华民族独特的精神标识，为中华民族生生不息、发展壮大提供了丰厚滋养。

中华文化强调"民为邦本""天人合一""和而不同"，强调"天行健，君子以自强不息""大道之行也，天下为公"；强调"天下兴亡，匹夫有责"，主张以德治国、以文化人；强调"君子喻于义""君子坦荡荡""君子义以为质"；强调"言必信，行必果""人而无信，不知其可也"；强调"德不孤，必有邻""仁者爱人""与人为善""己所不欲，勿施于人""出入相友，守望相助""老吾老以及人之老，幼吾幼以及人之幼""扶贫济困"；等等。这样的思想和理念，不论过去还是现在，都有其鲜明的民族特色，都有其永不褪色的时代价值。这些思想和理念，既随着时间推移和时代变迁而不断与时俱进，又有其自身的连续性和稳定性。培育和践行社会主义核心价值观，必须认真汲取中华优秀传统文化的思想精华和道德精髓，并结合时代要求加以延伸阐发，既使中华民族最基本的文化基因与当代文化相适应、与现代社会相协调，又让社会主义核心价值观之树深深植根于中华民族优秀传统文化的沃土之中。

　　培育和践行社会主义核心价值观必须面向世界，虚心学习借鉴人类社会创造的一切文明成果。人类创造的各种文明都是劳动和智慧的结晶。世界上没有两片完全相同的树叶。每一种文明都具有独特的价值，都各有千秋。世界上不存在十全十美的文明，也不存在一无是处的文明。历史表明，只有以开放的心态交流互鉴，一种文明才能充满生命力。中华文明是在中国大地上产生的文明，也是同其他文明不断交流互鉴而形成的文明。一部中华文明史，就是一部东西方文明交流互鉴的发展史。其间固然有冲突、矛盾、疑惑、拒绝，但更多的是学习、消化、融合、创新。在构成社会主义核心价值观基本内容的 24 个字中，既凝聚了源远流长的中华文化的优秀基因，同时也蕴含了世界各国人民创造的文明成果，是对全人类文明中优秀价值元素的继承和提升。需要注意的是，学习借鉴人类社会创造的一切文明成果，并不意味着可以不加辨别地全盘吸收、生吞活剥，而是要自觉立足于中国国情和民族文化传统的根基之上，取其精华、去其糟粕。就像习近平指出的："我们要虚心学习借鉴人类社会创造的一切文明成果，但我们不能数典忘祖，不能照抄照搬别国的发展模式，也绝不会接受任何外国颐指气使的说教。"

◇　三、培育和践行社会主义核心价值观的基本途径

　　培育和践行社会主义核心价值观不仅是一个重大的理论问题，更是一个重大的实践问题。社会主义核心价值观只有内化于心、外化于行，才能焕发出推动实现中国梦的巨大正能量。

　　第一，要全民参与，从自己做起，从现在做起，从一点一滴做

起。核心价值观的生命力在于实践，在于每一个社会成员的自觉行动。在弘扬社会主义核心价值观、实现中国梦的征程上，13 亿多中国人都是追梦者，没有旁观者。只有每一个人从自己做起，从现在做起，在本职岗位上敬业奉献，在日常生活中诚信友善，才能将个人生活和国家民族的命运融合在一起，个人梦和国家梦、民族梦才可以实现同频共振，每一个人的人生才能像千条河流归大海那样，绘入中华民族伟大复兴的壮丽图景中。

第二，要切实把社会主义核心价值观贯穿于社会生活方方面面。要通过教育引导、舆论宣传、文化熏陶、实践养成、制度保障等，使社会主义核心价值观内化为人们的精神追求，外化为人们的自觉行动。一种价值观要真正发挥作用，必须融入实际、融入生活，让人们在实践中感知它、领悟它、接受它，达到潜移默化、润物无声的效果。榜样的力量是无穷的，人民是真正的英雄。要善于从群众中发现英雄，从平凡中发现伟大。平民英雄的伟大并不表现为惊天动地的壮举，而是由平凡细小的事例汇集而成的。但是，先进典型的表率作用一旦变成广大人民群众的自觉行动，其改造世界、创造时代的力量将是无与伦比的。

第三，要加强政策制度、法律法规的制定和实施。习近平指出，培育和弘扬社会主义核心价值观，不仅要靠思想教育、实践养成，而且要用体制机制来保障。要把社会主义核心价值观的要求转化为具有刚性约束力的法律和制度规定，以制度建设来推动社会主义核心价值观建设。一方面，社会主义核心价值观规定着我国政策制度、法律法规的性质和方向；另一方面，具体的政策制度、法律法规又直接影响着人们对社会主义核心价值观的认同。做好有关政策、法规的制定和修订工作，把社会主义核心价值观的要求体现到各方面政策制度、法律法规之中，以形成有利于培育和践行社会主义核心价值观的政策支持和法律保障。同时，充分发挥政策、法规的导向和约束作用，使正确行为得到鼓励、错误行为受到制约，强化人们践行社会主义核心价值观的行动自觉。

当前，全面建成小康社会、实现中国梦进入关键阶段。改革进入攻坚期和深水区后，最难啃的骨头就是突破利益固化的藩篱。随着利益格局的不断调整，社会生活日趋多样化，思想意识更加多样多元多变，各种社会思潮此起彼伏，各种价值观念交相杂陈，今天比以往任何时候都更加需要发挥社会主义核心价值观的引领作用。没有社会主义核心价值观的引领，国家发展将迷失前进方向，社会进步将失去精神根基，个人追求将误入价值歧途。只有自觉坚持和充分发挥社会主义核心价值观的引领作用，才能够有效整合纷繁复杂的社会思想意识，有效避免利益格局调整可能带来的思想对立和混乱，从而使 13 亿多中国人汇集成全面建成小康社会、实现中国梦的强大力量。

ⓘ _案 例_

最 美 衢 州①
——社会主义核心价值观建设在基层的实践

衢州地处浙江省西部、钱塘江源头，山清水秀，人文荟萃，民风淳朴。这一方好山好水，孕育和滋养了一个个

---

① 参见浙江在线，2011 年 8 月 8 日。

▲ "最美爷爷"占祖亿（右一）和家人在杭州拍的最后一张生活照　（新华社发）

崇德向善、古道热肠的衢州好人。

2011 年的盛夏，常山县 65 岁老人占祖亿纵身一跃，耗尽全身气力托起溺水的少年，自己却永远沉入了江中。当地五千多名群众自发为他祭奠，称赞他是"最美爷爷"。这一年的寒冬，外来打工者姚慧芬和两个孩子因煤气中毒，命悬一线。发现学生缺课的衢江区第四小学教师陈霞、姜文、江忠红及时上门追访，用一种"无论你在哪里，我们都要找到你"的坚定和执着，挽救了一家三口的生命。他们被誉为"最美教师"。2012 年的春天，17 岁的开化少女徐雨文因病去世，她的母亲徐萌仙在承受丧女之痛的同时写就了大爱，无偿捐献出女儿的宝贵器官，让 4 名病患者重燃生命之火。他们被称为"最美一家人"……

"最美衢州人"，美在朴实无华的善良，美在真挚无悔的奉献，美在勇于担当的责任。他们身为"草根"，普通平凡，在关键时刻、危急关头，挺身而出、义无反顾，用凡人善举诠释了"诚信、责任、仁爱、奉献"的衢州人价值观，用无私大爱为这座城市增添了道德文明的光辉。

如今，由他们定格的"最美"形象开始从众人称颂的一个标杆，衍化为全社会共同发现和弘扬真善美的一种现象。一时间，三衢大地，至善如潮。从病危仍不忘退钱的盲人推拿师汪南南，到身患白血病还转捐救命钱的大学生村官黄炊，再到行车途中被倾倒灯杆击破脾脏，依然忍着剧痛冷静停车、疏散乘客的公交车司机毛志浩……中央电视台《新闻联播》栏目连续聚焦衢州的凡人善举，道德的力量在不断传播、升华。

衢州为什么会那么美？"最美衢州人"之所以不断涌现，乃是偶然中的必然。这一必然源自衢州的人文土壤、历史积淀和社会环境的孕育；源自各级党委政府对道德建设的常抓不懈；源自全体衢州人对社会主义核心价值观的自觉践行。事实上，衢州市委、市政府之所以坚持不懈地把道德建设作为城市发展的新动力，就是为了营造出全体社会成员共同认可的社会理想和价值期许。在这样的环境里，每一个人的爱心善举，可以最大限度地释放，成为推动社会前进的正能量。

▌本章小结 ▌⋯⋯⋯⋯⋯

实现中国梦，不仅要在物质上强大起来，而且要在精神上强大起来。实现中国梦必须弘扬中国精神，这就是以爱国主义为核心的民族精神、以改革创新为核心的时代精神。这种精神是凝心聚力的兴国之魂、强国之魂。民族精神是一个民族赖以生存和发展的精神支撑。在中华民族五千多年的历史长河中，中华儿女不仅创造了灿烂的中华文化，而且形成了源远流长的爱国主义传统。这种爱国主义传统已经深深融入中华民族的血脉之中，成为中华民族精神的核心。以改革创新为核心的时代精神，是马克思主义与时俱进的理论品格、中华民族富于进取的思想品格与改革开放和现代化建设实践相结合的伟大精神成果，已经深深融入我国经济、政治、文化和社会建设的各个方面，成为各族人民不断开创中国特色社会主义事业新局面的强大精神力量。党的十八大提出，倡导富强、民主、文明、和谐，倡导自由、平等、公正、法治，倡导爱国、敬业、诚信、友善，积极培育和践行社会主义核心价值观。这与中国特色社会主义发展要求相契合，与中华优秀传统文化和人类文明优秀成果相承接，是我们党凝聚全党全社会价值共识作出的重要论断。

✎ 思 考 题

1. 如何以理想信念教育补共产党人的精神之"钙"？

2. 如何理解民族精神与时代精神的辩证统一关系？

3. 如何通过培育和践行社会主义核心价值观，为实现中国梦构筑精神支柱？

第 六 章

实现中国梦必须凝聚中国力量

习近平指出："实现中国梦必须凝聚中国力量。这就是中国各族人民大团结的力量。只要我们紧密团结，万众一心，为实现共同梦想而奋斗，实现梦想的力量就无比强大，我们每个人为实现自己梦想的努力就拥有广阔的空间。"实现中国梦，必须坚持中国共产党的领导核心；必须贯彻群众路线，凝聚广大人民群众；必须巩固和发展最广泛的爱国统一战线，团结一切可以团结的力量，让海内外中华儿女共圆共享中国梦。

第一节　坚持中国共产党的领导核心地位

全面建成小康社会是一个宏伟目标，中华民族伟大复兴的中国梦是一个伟大的梦想。实现这个宏伟目标和伟大梦想，必须有一个能够凝聚各种力量的领导核心。这一领导核心只能是中国共产党。

✧ 一、实现中国梦是当代中国共产党人的历史使命

近代以来，中国因为没有把握历史的机遇而在工业化进程中日渐衰落，逐步沦为半殖民地半封建社会。无数仁人志士为了国家富强进行了一次次抗争，但又一次次失败。孙中山领导的辛亥革命虽然结束了统治中国几千年的君主专制制度，但依然未能改变中国半殖民地半封建的社会性质和中国人民的悲惨命运。真正把中国人民和中华民族带上实现中国梦的人间正道的，是中国共产党人。

中国共产党自诞生之日起，就提出了共产主义的最高纲领，自觉肩负起民族独立、国家富强、人民幸福的历史重任。九十多年来，中国共产党团结带领人民在中国这片古老的土地上，书写了人类发展史上惊天地、泣鬼神的壮丽史诗，不断夺取了革命、建设、改革的重大胜利。九十多年来，为了民族独立、国家富强、人民幸福，涌现了无数优秀的共产党员楷模，付出了巨大的努力和牺牲。正是一代又一代中国共产党人作为民族的脊梁托起了"中国梦"。

九十多年来，虽然中国共产党也曾遭受过挫折，甚至犯过比较大的错误，但中国共产党坚持从发展的实践出发，敢于批评和自我批评，善于发现、勇于承认错误，并依靠自身的力量改正错误，最终从失败走向胜利、从挫折走向辉煌，赢得了广大人民群众的支持，始终成为坚强的领导核心。九十多年的历史和辉煌成就充分表明，中国共产党不愧为伟大、光荣、正确的马克思主义政党。

孙中山提出"振兴中华"并领导辛亥革命，使灾难深重的中华

民族"醒来了"；毛泽东领导新民主主义革命取得胜利并建立新中国，使中国人民"站起来了"；而邓小平在改革开放的伟大实践中开辟了中国特色社会主义道路，使中国人民"富起来了"。今天，一个生机盎然的社会主义中国已经巍然屹立在世界东方，13亿多中国人民正在中国特色社会主义伟大旗帜指引下满怀信心地走向中华民族伟大复兴。

实现中国梦，是无比壮丽的崇高事业，需要一代又一代中国共产党人带领人民接续奋斗。当前，中国正处在历史发展的重要机遇期。党的十八大以来，习近平顺应了全体人民过上美好生活的热切期盼，提出实现中国梦，体现了新一届中央领导集体继往开来、高瞻远瞩的战略眼光，以及他们对中国特色社会主义的坚定信念和对国家、对人民的高度责任感。

◇　二、只有中国共产党才能带领人民实现中国梦

中国共产党的坚强领导是全面建成小康社会、实现中国梦的根本保证。中国共产党之所以能够成为坚强的领导核心，是因为中国共产党坚持以建设马克思主义学习型、服务型、创新型政党为目标，具有其他政治力量不可比拟的独特优势。

建设学习型政党为中国共产党全面建成小康社会、实现中国梦提供了强大的智力支持和精神动力。学习是文明传承之途、人生成长之梯、政党巩固之基、国家兴盛之要。中国共产党是一个善于学习的政党，九十多年来，中国共产党既不断深入学习最先进的思想理论——马克思主义，又不断反对教条主义，坚持把马克思主义和中国革命、建设实际相结合，实现了马克思主义中国化的两次历史

性飞跃，形成了毛泽东思想和中国特色社会主义理论体系；既重视思想理论的学习，又强调全面学习，不断提升自己管理经济社会的本领；既借鉴国外有益的发展经验，又不照搬照抄，坚持走自己的路；既向历史学习，又勇于创新、敢于探索，努力开拓新的发展思路。正是因为善于学习、注重思想政治教育，中国共产党能够在纷繁复杂的革命、建设和改革形势中把握住正确的方向，提高党的领导水平和执政水平，深化对革命斗争规律、共产党执政规律、社会主义建设规律和人类社会发展规律的认识，切实保持党的先进性和纯洁性；能够统一思想共识，凝聚力量，团结一致，具有强大的战斗力，永远立于不败之地。

建设服务型政党为中国共产党全面建成小康社会、实现中国梦凝聚了广大人民群众的磅礴力量。全心全意为人民服务是党的宗旨。密切联系群众是中国共产党的优良作风，是党的作风优势、最大优势。中国共产党是在同人民群众的密切联系中成长、发展、壮大起来的。来自人民、植根人民、服务人民，是中国共产党永远立于不败之地的根本。中国共产党坚持立党为公、执政为民的政治理念，任何时候都把群众利益放在第一位，把实现好、维护好、发展好最广大人民的根本利益作为党和国家一切工作的出发点和落脚点，坚持权为民所用、情为民所系、利为民所谋。人民性是中国共产党区别于中国历史上的其他政党和西方选举性政党的本质特征。党的性质和宗旨决定了党性和人民性是一致的，党性寓于人民性之中，没有脱离人民性的党性，也没有脱离党性的人民性，不能把二者对立起来、割裂开来。正因为以服务型政党为目标，中国共产党没有自己特殊的利益，能够代表最广大人民的根本利益，具有强大的向心力、凝聚力，能够凝聚广大人民群众，团结一切可以团结的力量为全面建成小康社会、实现中国梦而奋斗。

建设创新型政党使中国共产党不断走在时代前列，具有强大的生命力和战斗力。坚持用时代发展的要求审视自己，以改革的精神加强和完善自己，这是中国共产党始终保持马克思主义政党本色、永不脱离群众和具有蓬勃活力的根本保证。九十多年来，中国共产党之所以能够战胜一切艰难险阻，开创革命、建设、改革的新路，就在于中国共产党坚持辩证唯物主义的根本立场，坚持解放思想、实事求是、与时俱进、求真务实的精神，能够审时度势，不断调整党的路线方针政策，推进理论创新、制度创新、实践创新。特别是改革开放以来，中国共产党坚持解放思想、实事求是、与时俱进的思想路线，以巨大的勇气把社会主义和市场经济结合起来，成功实现了从高度集中的计划经济体制到充满活力的社会主义市场经济体制、从封闭半封闭到全方位开放的重大调整，开拓了中国特色社会主义的新局面，取得了举世瞩目的伟大成就，揭开了中华民族伟大复兴的光明前景。正是由于这种善于创新的精神，中国共产党实现了马克思主义中国化的不断创新，自我净化、自我完善、自我革新、自我提高的能力不断增强，党的领导方式和执政方式不断完善，展示了蓬勃的生机与活力，从而始终站在时代前列，成为中国特色社会主义的坚强领导核心。

另外，中国共产党坚持民主集中制的组织制度和领导制度，强调民主和集中的统一，这种集体民主制度形成了一个既有集中又有民主，既有纪律又有自由，既有统一意志又有个人心情舒畅的生动活泼的政治局面，具有西方民主制度不可比拟的优势。

📖 **延伸阅读** ....

中国共产党纵向民主制度的优势①

在中国这个自上而下与自下而上的纵向政治体系中，进行决策的并不是某一个政治家，而是整个领导集体，这也自然而然减轻了单个领导所承受的压力。而且，在决策过程中，普通老百姓的意见也越来越多地被考虑在内。

纵向民主虽然有一定的框架，但是它的优点也是毋庸置疑的：不会因政治党派之间的争斗、政治作秀而浪费资源，而且符合中国人对于和谐稳定的追求。纵向民主模式不是急功近利的，不需要向特殊利益集团低头，也不需要担心选票、游说于幕后操作。

概括地说，带领人民实现中国梦，是党的性质和根本宗旨所决定的，是党的纲领和目标所要求的，是党的先进性在新的时代条件下的现实体现。在中国，只有中国共产党，而没有别的政党能够成为中国特色社会主义事业的领导核心，能够带领人民全面建成小康社会、实现中国梦。

◇ 三、全面提高党的建设科学化水平

新世纪新阶段，世情国情党情发生深刻的变化，精神懈怠危

---

① 参见［美］约翰·奈斯比特、［德］多丽丝·奈斯比特：《中国大趋势》，魏平译，吉林出版集团、中华工商联合出版社 2009 年版，第 45、57 页。

险、能力不足危险、脱离群众危险、消极腐败危险更加尖锐地摆在全党面前。实现中国梦，必须加强党的自身建设，全面提高党的建设科学化水平，化解这四种危险。江泽民针对"建设一个什么样的党"这个根本问题曾明确提出："一定要坚持把我们党建设成为马列主义、毛泽东思想武装的更加坚强的中国工人阶级的先锋队。这样的先锋队，必须在理论上更加成熟，思想上更加统一，政治上更加坚强，内部更加团结，同群众的关系更加亲密，是领导全国各族人民建设有中国特色的社会主义的坚强核心。"党的十八大以来，习近平围绕党的建设提出了许多新思想新观点新举措新要求，为全面推进党的建设科学化水平提供了重要指导。

整体上说，加强党的建设，必须全面贯彻落实党的十八大和十八届三中、四中全会的各项部署，牢牢把握加强党的执政能力建设、先进性建设和纯洁性建设这条主线，坚持解放思想、改革创新，坚持党要管党、从严治党，全面加强党的思想建设、组织建设、作风建设、反腐倡廉建设、制度建设，增强自我净化、自我完善、自我革新、自我提高能力，建设学习型、服务型、创新型的马克思主义执政党，确保党始终成为中国特色社会主义的坚强领导核心。

必须加强思想建设。习近平指出：坚定理想信念，坚守共产党人精神追求，始终是共产党人安身立命的根本。对马克思主义的信仰，对社会主义和共产主义的信念，是共产党人的政治灵魂，是共产党人经受住任何考验的精神支柱。现实生活中，一些党员、干部出这样那样的问题，说到底是信仰迷茫、精神迷失。为此，要深入学习马克思主义中国化的最新理论成果，坚定社会主义信念，抵制各种腐朽思想和错误思潮，矢志不渝地为实现中国特色社会主义共同理想而奋斗。要加强党性修养，树立正确的世界观、权力观、事业观，讲党性、重品行、作表率。要大力推进社会主义核心价值观建设，教育引导党员干部做社会主义道德的示范者。

必须加强组织队伍和党员队伍建设，提高党员干部素质。首先，建设一支高素质的干部队伍，这是实现中国梦的决定因素。政治路线确定以后，干部是决定的因素。必须坚持德才兼备、以德为先，注重实绩、群众公认的干部选拔标准，深化干部人事制度改革，完善干部考核机制，将党和人民需要和信任的高素质的干部选拔出来。其次，创新基层党建工作，这是实现中国梦的基础工程。党的基层组织是团结带领群众贯彻党的理论和路线方针政策、落实党的任务的战斗堡垒。要加强基层学习型、服务型、创新型党组织建设。要推进党员队伍的教育管理，提高党员队伍质量，重视从青年工人、农民、知识分子中发展党员，优化党员队伍结构。

必须加强作风建设，深入开展党的群众路线教育实践活动。密切联系群众是中国共产党最大的政治优势，脱离群众是党执政后面临的最大政治危险。当前，党内脱离群众的现象大量存在，集中表现在形式主义、官僚主义、享乐主义和奢靡之风这"四风"上。党的十八大以来，中央提出了改进工作作风、密切联系群众的八项规定，紧紧围绕保持和发展党的先进性和纯洁性，领导开展了以为民务实清廉为主要内容的党的群众路线教育实践活动，切实反对形式主义、官僚主义、享乐主义和奢靡之风，使党风政风有了比较大的好转。作风建设具有反复性，改进工作作风，解决好保持党同人民群众的血肉联系问题，要常抓不懈，健全改进作风常态化制度。

必须加强反腐倡廉建设，努力实现干部清正、政府清廉、政治清明。党的十八大以来，新一届党中央以零容忍的态度坚定不移地惩治腐败，坚持"老虎""苍蝇"一起打，坚持抓早抓小，积极推进纪委监督体制和巡视制度的改革，畅通人民群众举报和监督渠道，从而形成了对腐败分子的高压态势，反腐败斗争取得了阶段性的成果。当前，反腐败形势依然严峻复杂。要进一步建立健全教育、制度、监督并重的惩治和预防腐败体系。深入开展理想信念和宗旨教育、党风党纪和廉洁自律教育，加强教育的实效性。加强反腐败国家立法，加强反腐倡廉党内法规制度建设。加强对权力运行的制约和监督，充分发挥各种监督机构和群众监督的作用，形成监督合力，构建决策科学、执行坚决、监督有力的权力运行体系；加大对领导干部报告个人有关事项情况开展有针对性的抽查核实；加强廉政风险防控机制建设，建立健全防止利益冲突制度；严格执纪监督，加大惩戒问责力度，及时查处违纪违规行为。

必须加强制度建设，把党的工作纳入法制化制度化规范化轨道。健全制度机制是全面建成小康社会、实现中国梦的重要保证。党的十八大以来，习近平明确指出，依法治国，首先是依宪治国；依法执政，关键是依宪执政。新形势下，我们党要履行好执政兴国的重大职责，必须依据党章从严治党、依据宪法治国理政。必须坚持依法治国、依法执政、依法行政共同推进，法治国家、法治政府、法治社会一体建设，用法治思维和法治方式反腐败，把权力关进制度的笼子里。要紧紧围绕国家治理体系和治理能力现代化的目标，深化党的建设制度改革，不断推进各项治国理政活动的制度化、法律化。要清理、修订和完善党风廉政建设相关党内法规，逐步形成科学、健全、有效的党内法规制度体系，提高制度执行力，维护制度权威，使纪律成为带电的高压线。

总之，伟大的梦想呼唤伟大的政党，新的征程有新的要求。必须站在时代和战略的高度充分认识实现中国梦与加强党的建设、加强和改善党的领导的必然联系，深刻把握世情国情党情的新变化新挑战，以改革创新精神全面推进党的建设新的伟大工程，全面提高党的建设科学化水平，确保中国共产党在实现中国梦的征程上始终成为坚强的领导核心。

第二节　巩固和发展汇聚人民群众的磅礴力量

习近平指出："中国梦是国家的、民族的，也是每一个中国人的。国家好、民族好，大家才会好。只有每个人都为美好梦想而奋斗，才能汇聚起实现中国梦的磅礴力量。"人民群众是历史的创造者，是中国社会变革的主体力量，是中国共产党的力量源泉。没有亿万人民聪明才智的充分发挥，没有亿万人民的支持和拥护，没有亿万人民的创造劳动和开拓进取，没有亿万人民的团结奋斗，要实现中国梦是根本不可能的。党必须切实贯彻群众路线，充分调动最广大人民的积极性、主动性和创造性，为全面建设小康社会、实现中国梦凝聚广泛的力量。

◇　一、凝聚人民群众的主体力量是实现中国梦的基本前提

人民群众是推动历史发展的动力，凝聚人民群众的主体力量是实现中国梦的基本前提。必须充分发挥工人、农民、知识分子的积极作用以及人民军队的坚强柱石作用。

工人阶级是我国的领导阶级，是我国先进生产力和生产关系的代表，是我们党最坚实最可靠的阶级基础，是全面建成小康社会、

▲ 玉米喜获丰收，老乡笑开颜 　　　　　　　　　　　　　　　（新华社发）

坚持和发展中国特色社会主义的主力军，也是实现中国梦的主力军。在实现中国梦的征程上，我们必须坚定不移地依靠工人阶级，把全心全意地依靠工人阶级贯彻到党和国家政策制定、工作推进全过程，落实到企业生产经营各方面，充分发挥我国工人阶级的重要作用，焕发他们的历史主动精神，调动劳动和创造的积极性。"我国工人阶级要增强历史使命感和责任感，立足本职、胸怀全局，自觉把人生理想、家庭幸福融入国家富强、民族复兴的伟业之中，把个人梦与中国梦紧密联系在一起，始终以国家主人翁姿态为坚持和发展中国特色社会主义作出贡献。"

农民是工人阶级的同盟军，是我们党执政的可靠基础；农业现代化是国家发展的重要战略目标。习近平指出："小康不小康，关键看老乡。"没有农民的小康，就不可能全面建成小康社会，中国梦也是不完整、不稳固的。当前，我国农民收入相对城市还比较低，农村是全面建设小康社会的短板，农业现代化也相对薄弱。全面建成小康社会、实现中国梦，要充分发挥工业化的支持反哺作用，夯实农业发展基础；要发挥城镇化的辐射带动功能，优化发展布局；要发挥信息化的引领提升效应，提高农业发展质量，推进城乡一体化建设，调动广大农民的积极性。

知识分子是精神财富的创造者。在当代中国，知识分子是工人阶级的一部分。在知识经济时代，科学技术是第一生产力，国家之间的竞争主要表现为人才的竞争。没有一支高素质的人才队伍，全面建成小康社会的奋斗目标和中华民族伟大复兴的中国梦就难以实现。要深入坚持尊重劳动、尊重知识、尊重人才、尊重创造的方针，凝聚广大知识分子创造出更多优秀的精神产品，开发出更多创新技术。

改革开放以来出现的新的社会阶层，主要由非公有制经济人士和自由择业知识分子组成，集中分布在新经济组织、新社会组织中。主要包括：民营科技企业的创业人员和技术人员、受聘于外资企业的管理技术人员、个体户、私营企业主、中介组织的从业人员和自由职业人员等。他们作为中国特色社会主义事业的建设者，同工人、农民、知识分子团结在一起，在促进共同富裕、推进全面建成小康社会中发挥着重要作用。要以与时俱进的科学态度，为新的社会阶层的健康发展创造良好的社会环境，进一步发挥他们在经济社会发展中的优势和作用。

人民军队是社会主义的坚强柱石。当前，国际战略形势和国家安全环境更趋复杂，维护国家政治安全和社会稳定的任务更加艰巨。中国梦不是轻轻松松、顺顺当当就能实现的。没有一个巩固的国防，没有一支强大的军队，实现中国梦就没有保障。中国梦对军队来讲，就是强军梦，中国梦引领强军梦，强军梦支撑中国梦。要科学统筹富国与强军的任务，建设一支听党指挥、能打胜仗、作风优良的人民军队，为实现中国梦提供坚强的力量保证。

另外，历史和现实告诉我们，青年一代有理想、有担当，国家就有前途，民族就有希望，实现我们的发展目标就有源源不断的强大力量。全面建成小康社会、实现中国梦，必须激发广大青年的热情和担当。广大青年必须勇敢肩负起时代赋予的重任，志存高远，脚踏实地，努力在全面建成小康社会、实现中国梦的生动实践中放飞青春梦想。

总之，人民是真正的英雄，团结就是力量。只要全国各族人民为实现中国梦心往一处想、劲往一处使，13 亿多人的智慧和力量就会汇集起一股不可战胜的磅礴力量，每个人为实现自己梦想的努力也会拥有更加广阔的空间。

◇　二、把群众路线贯彻到治国理政的全部实践

群众路线是我们党的生命线和根本工作路线，是我们党永葆青春活力和战斗力的重要传家宝，也是实现中国梦的生命线。密切党群、干群关系，保持同人民群众的血肉联系，始终是我们党立于不败之地的根基。必须深入坚持群众路线，把群众路线贯彻到治国理政的全部活动之中。

贯彻群众路线，必须坚持立党为公、执政为民的理念，坚持发展为了人民、发展依靠人民、发展成果为人民共享。全心全意为人民服务，是我们党一切行动的根本出发点和落脚点，是我们党区别

于其他一切政党的根本标志。检验我们一切工作成效的标准，最终都要看人民是否真正得到了实惠，人民生活是否真正得到了改善，人民权益是否真正得到了保障。必须切实维护社会公平正义，使全体中国人民"共同享有人生出彩的机会，共同享有梦想成真的机会，共同享有同祖国和时代一起成长与进步的机会"。

贯彻群众路线，必须切实保证人民当家作主。要坚持和发展中国特色社会主义民主政治，积极稳妥地推进政治体制改革，进一步健全民主制度，丰富民主形式，拓宽民主渠道，从各个层次、各个领域扩大公民有序政治参与，保障人民依法实行民主选举、民主决策、民主管理、民主监督。必须坚持国家一切权力属于人民，建立以多数群众公认为关键标准的干部选拔机制，把党管干部和群众推选结合起来。要进一步建立健全权力运行的制约和监督机制，让权力在阳光下运行，确保权力运行的每一个过程都受到监督。

贯彻群众路线，必须尊重人民群众的首创精神。人民群众中蕴藏着无穷无尽的智慧和力量，必须坚持问政于民、问需于民、问计于民，体察民情、了解民意、集中民智，集思广益。要全面贯彻尊重劳动、尊重知识、尊重人才、尊重创造的方针，激发人民群众的创造活力，让一切劳动、知识、技术、管理和资本的活力竞相迸发，让一切创造社会财富的源泉充分涌流，以造福于人民。

贯彻群众路线，必须切实改进工作作风。习近平指出，工作作风上的问题绝对不是小事，如果不坚决纠正不良风气，任其发展下去，就会像一座无形的墙把我们党和人民群众隔开，我们党就会失去根基、失去血脉、失去力量。克服不良作风也不可能一蹴而就，必须经常抓、长期抓，建立健全联系群众、服务群众的常态化制度。

贯彻群众路线，必须切实解决关系群众利益的重大问题。要正确处理最广大人民根本利益、现阶段群众共同利益、不同群体特殊利益的关系，切实把人民利益维护好、实现好、发展好。要认真贯彻落实中央各项惠民政策，把好事办好、实事办实，让群众时刻感受到党和政府的关怀。对涉及群众切身利益的重大决策，要认真进行社会稳定风险评估，充分听取群众意见和建议。对群众反映强烈的突出问题，都要通过强化责任、健全制度、落实到人，妥善加以解决。对损害群众权益的失职渎职和违纪违法行为，要坚决查处，决不姑息。

总之，党的根基在人民、血脉在人民、力量在人民。失去了人民的拥护和支持，党的事业和工作就无从谈起。

📖 延伸阅读

延安时期毛泽东招待陈嘉庚

一部中国共产党的历史其实就是一部与人民群众血肉相连的历史。历史与现实都证明，群众路线是中国共产党的最大政治优势，是保持与人民群众血肉联系的根本途径。

1940年，南洋华侨领袖陈嘉庚为了慰劳祖国抗战军民，亲自组织并率领南洋各属华侨筹赈会回国慰劳团，对重庆和延安等地进行了实地慰劳考察。通过对战时国共两党的近距离观察，陈嘉庚认为"中国的希望在延安"，在共产党身上。

重庆见闻："绝无一项稍感满意"

1940 年 3 月 26 日，陈嘉庚飞抵重庆，受到国民党政府的热烈欢迎。国民党政府专门组成了一个庞大的欢迎南洋侨胞回国慰劳团委员会，并拨出 8 万元专款以供接待之用。这让生性简朴的陈嘉庚十分不安，他认为现在正是国难之时，政府应该节俭朴素，不应该如此铺张浪费。又感受了几日，陈嘉庚失望地说："那些国民党中央委员，都是身居要职，但都假公行私，贪污舞弊，生活奢华。" 3 月 28 日，陈嘉庚与蒋介石首次见面。当蒋介石的汽车驶到时，传令兵高喊"蒋委员长到"，所有人立刻肃立，大气也不敢喘。直到蒋介石挥手示意大家就座，众员方敢徐徐坐下。

延安之行："如拨云雾而见青天"

1940 年 6 月，陈嘉庚不顾蒋介石的阻挠，毅然前往延安慰问。毛泽东在杨家岭住所的窑洞里会见了陈嘉庚，给陈嘉庚留下了深刻印象："屋内十余只木椅，大小高下不一，写字木桌比学生桌较大，系旧式乡村民用家私，盖甚简单也。毛君形相容貌，与日报所载无殊，唯头发颇长，据言多病，已两个月未剪去，或系住洞内寒冷所致。"交谈过程中，细心的陈嘉庚发现，"南洋女学生来，无敬礼便坐，并参加谈话，绝无拘束。又一男学生亦然"。傍晚，毛泽东在窑洞门外露天场地设宴招待陈嘉庚，朱德夫妇等十多人围坐一桌。由于人多，就拿来一个旧圆桌面放在方桌之上，桌面陈旧不光洁，便用四张白纸遮盖以代替桌巾。不巧，一阵风吹来，把白纸吹掉，干脆弃之不用。饭菜上桌，只有在延安比较稀有的白米饭和洋芋、豆腐等陕北农家菜。唯一的美味佳肴是一只鸡，毛泽东解释说："我没有钱买鸡，这只鸡是邻居老大娘知道我有远客，特地送来的。母鸡正下蛋，她儿子生病还舍不得杀呀！"

延安之行，给陈嘉庚留下印象最深的要数毛泽东。陈嘉庚感到找到了中国的"救星"："我未往延安时，对中国前途甚为悲观，以为中国的救星尚未出世，或还在学校读书。其实此人已经四十五岁了，而且已做了很多大事了。此人现在延安，他就是毛主席。"

第三节　巩固和发展统一战线

统一战线是凝聚各方面力量，促进政党关系、民族关系、宗教关系、阶层关系、海内外同胞关系和谐，夺取中国特色社会主义新胜利的重要法宝。全面建成小康社会、实现中国梦，必须巩固和发展最广泛的爱国统一战线，把一切社会主义劳动者、社会主义事业的建设者、拥护社会主义的爱国者和拥护祖国统一的爱国者紧密团结起来，凝聚成广泛、强大、持久的力量支持。

◇　一、统一战线是实现中国梦的重要法宝

巩固和发展统一战线，最广泛地调动一切积极因素，是我们党

战胜一切困难，夺取革命、建设和改革事业胜利的基本方针和重要经验。

统一战线是党夺取革命胜利的三大法宝之一。在抗日战争时期，中国共产党通过在陕甘宁边区实行"三三制"，要求共产党、非党的左派进步分子和中间派的代表在根据地政府各占三分之一，巩固和发展了抗日民族统一战线，凝聚了广大人民的力量，取得了抗日战争的胜利。在解放战争中，中国共产党通过巩固和发展人民民主统一战线，开辟了国统区的第二条战线，加速推翻了国民党的反动统治，建立了新中国。

在新中国成立前夕，中国共产党深入坚持统一战线政策，确立了中国共产党领导的多党合作和政治协商制度，开启了中国共产党与民主党派、无党派人士团结合作的新征程，掀开了中国政党制度和民主政治发展的新篇章，极大地调动了社会各阶层人士献计献策建设新中国的积极性。在长达半个多世纪的征途中，中国共产党领导的多党合作和政治协商制度不断巩固和发展，各民主党派同中国共产党风雨同舟、亲密合作，共同前进，共同经受考验，为中国社会主义建设作出了巨大的贡献。

改革开放以来，统一战线的基本内容和任务随着党和国家战略发展重心的转移以及社会结构的巨大变化，得到深化发展。新时期，全体社会主义劳动者、社会主义事业的建设者、拥护社会主义的爱国者、拥护祖国统一的爱国者，结成了广泛的统一战线。正是由于统一战线的发展和扩大，调动了一切积极因素，巩固了党的执政基础，使我国改革开放和现代化建设取得了举世瞩目的成就。

当前，统一战线具有显著的人才智力优势，是服务科学发展、服务经济建设的"智囊团""人才库"；具有协调关系、化解矛盾的独特优势，是维护社会和谐稳定的"缓冲器""稳定器"；具有联系广泛、资源丰富的优势，是扩大对外开放、深化交流合作的"桥梁""纽带"；具有贴近群众、服务基层的优势，是推动民生改善、反映社情民意的"服务器""直通车"。全面建成小康社会、实现中国梦，统一战线依然是重要的法宝。

二、巩固和发展统一战线，为实现中国梦凝心聚力

全面建成小康社会、实现中国梦，必须巩固和发展统一战线，高举爱国主义、社会主义旗帜，正确处理一致性和多样性的关系，巩固共同的思想基础，广泛凝聚共识，形成改革奋进的合力。

第一，坚持和完善中国共产党领导的多党合作和政治协商制度，促进政党关系的和谐。中国共产党领导的多党合作和政治协商制度是我国的基本政治制度，是具有中国特色的政党制度，是我国政治制度的特点和优势。它拓展了民主的形式，避免了西方多党制、两党制由于党派斗争所导致的族群分裂。要继续坚持长期共存、互相监督、肝胆相照、荣辱与共的方针，完善民主党派中央直接向中共中央提出建议制度，推进多党合作、政治协商、民主监督的制度化、规范化、程序化。要提高民主党派和无党派人士的参政议政能力、思想素养，加强人民政协委员的自身建设，选拔和推荐更多的优秀党外人士担任各级国家机关的领导职务。要充分发挥人民政协协调关系、汇聚力量、建言献策、服务大局的重要作用，促进政党关系、民族关系、宗教关系、阶层关系、海内外同胞关系的和谐，最大限度地调动一切积极因素，共同致力于实现中华民族伟大复兴。

第二，坚持和完善民族区域自治制度，促进民族关系的和谐。要坚持民族平等、民族团结、各民族共同繁荣的方针，保障各少数民族的合法权益，维护和促进民族地区改革发展稳定的政治局面。要深入开展民族团结进步教育，坚持用社会主义核心价值体系引领民族文化的发展方向，增强各族人民对伟大祖国、中华民族和中华文化的认同，对中国特色社会主义道路的认同，建设中华民族共有精神家园。要切实维护祖国的统一，共同推进祖国的富强繁荣，坚决反对各种民族分裂主义。

第三，正确贯彻党的宗教政策，发挥宗教界人士和信教群众在促进经济社会发展中的积极作用，促进宗教关系的和谐。要深刻认识宗教问题的特殊性、复杂性、长期性，全面贯彻党的宗教工作基本方针，全面贯彻党的宗教信仰自由政策，依法管理宗教事务，坚持独立自主自办教会原则，积极引导宗教与社会主义社会相适应。要促进宗教事务管理的法制化，促进宗教之间的和谐关系的发展，努力防止宗教狂热现象。

第四，鼓励和引导新的社会阶层自觉履行社会责任，促进阶层关系的和谐。新形势下非公有制经济和新的社会阶层在我国经济社会发展中具有举足轻重的地位。要坚持"充分尊重、广泛联系、加强团结、热情帮助、积极引导"的方针，引导新的社会阶层人士爱国、敬业、诚信、守法、贡献，把个人致富和国家富强以及全体人民的共同富裕结合起来，自觉履行义利兼顾、扶贫济困的社会责任，积极回馈社会、造福人民，致力于先富帮后富，实现共同富裕，做合格的中国特色社会主义事业建设者。

第五，积极推进港澳台海外爱国力量的大团结大联合，为和平统一和民族复兴贡献力量，促进海内外同胞关系的和谐。中国梦是海内外中华儿女的共同愿望。国家的富强、民族的振兴，最能唤起广大侨胞的民族自豪感和自信心。要发展壮大港澳爱国力量，促进港澳同胞在爱港、爱澳的旗帜下的大团结，防范和遏制外部势力干预港澳事务。要推进海峡两岸的交流合作，增强民族认同，融洽同胞感情，为和平统一创造更充分的条件。要凝聚广大侨胞的智慧和力量，参与祖国现代化建设与和平统一大业。

总之，只有巩固和发展统一战线，才能最大限度地调动一切积极因素、最大限度地减少一切消极因素，为全面建成小康社会、实现中国梦贡献重要力量。

第四节　携手海内外中华儿女共圆中国梦

中国梦凝聚着海内外中华儿女的共识，是引领广大人民团结奋进的旗帜。中国梦寄托了海内外中华儿女的共同愿景、共同福祉、共同追求。港澳台同胞、海外侨胞是建设中国特色社会主义的宝贵资源和重要力量，要携手共享共圆中国梦，同心实现中华民族的伟大复兴。

◇　一、促进港澳繁荣稳定，携手共筑中国梦

香港、澳门的回归，结束了中国近代以来历史上屈辱的一页，标志着中国统一事业的巨大进展。香港、澳门与祖国内地的命运始终紧密相连。国家富强，香港、澳门才能涤雪国耻、繁荣稳定。香港、澳门只有融入国家的发展大潮之中，前程才能更加锦绣。改革

开放以来，港澳同胞和海外侨胞为祖国内地经济的迅速发展提供了大量资金、技术和管理经验。香港、澳门作为实践"一国两制"的特别行政区，是中国走向世界、世界走向中国的重要桥梁，是中国梦携手世界梦的最佳平台，也为香港、澳门在中国梦中扮演更重要角色提供了历史机遇。香港是内地企业"走出去"的大门，国家商务部的统计显示，内地对外直接投资当中，有65%是投放到香港，或是通过香港到世界各地。所以，实现中国梦，需要香港、澳门与祖国内地坚持优势互补、共同发展，需要港澳同胞与内地人民坚持守望相助、携手共进。

习近平指出，香港特别行政区同胞、澳门特别行政区同胞，要以国家和香港、澳门整体利益为重，共同维护和促进香港、澳门长期繁荣稳定，同全国人民一道，为实现中华民族伟大复兴贡献力量。

第一，严格按照特别行政区基本法办事，推进民主进步。香港特别行政区基本法和澳门特别行政区基本法是香港、澳门长期繁荣稳定的法律保障，是依法治港、依法治澳的法律基石。基本法关于香港、澳门政治体制的规定，符合香港、澳门的实际情况，符合港澳同胞的长远利益和根本福祉。要坚决维护基本法在香港、澳门的最高法律地位，在坚持一个中国和中央政府对香港、澳门行使主权的前提下，坚持港人治港、澳人治澳，严格依照基本法办事，循序渐进地推进香港、澳门的民主进步。

第二，要始终抓住发展经济、改善民生这一最重要的主题，促进合作共赢。发展经济、改善民生是广大港澳同胞的共同心愿。只有经济不断发展，民生才能不断改善，社会才能保持稳定，适合香港、澳门实际情况的民主制度也才能顺利发展。香港、澳门背靠祖国，面临国家快速发展的良好机遇，具有得天独厚的有利条件。要谋划长远，在巩固现有优势的同时，努力培育新的经济增长点，增强发展后劲，促进内地同香港、澳门的合作共赢。

第三，增进香港、澳门民众的广泛团结，发展壮大爱国爱港、爱国爱澳力量。香港、澳门社会各阶层、各界别利益多元、诉求多样，但绝大多数港澳民众都坚持爱国爱港、爱国爱澳立场，在维护香港和澳门的经济繁荣、政治稳定、民生改善的根本利益上是一致的。要高举爱国爱港、爱国爱澳的旗帜，增强广大港澳同胞的国家观念和民族意识，积极引导香港、澳门各界人士紧密团结起来，积极促进一切有利于港澳同胞福祉和国家根本利益的事，坚决反对一切有损于港澳同胞福祉和国家根本利益的事，坚决反对外部势力干涉香港、澳门事务。要全面、准确地理解和贯彻"一国两制"方针，把维护国家主权、安全、发展利益，与保持港澳长期繁荣稳定统一起来；把坚持"一国"原则和尊重"两制"差异、维护中央权力和保障特别行政区高度自治权有机结合起来；要做到求"一国"之大同，存"两制"之差异。

香港、澳门与祖国内地荣辱与共、优势互补、联系密切。中国梦，是包括香港人、澳门人在内的每一个中国人的梦想。实现中国梦，也为香港、澳门的发展提供了宝贵的机遇。香港、澳门各界人士要把握机遇、团结一心，共建共享中国梦。

✧ 二、促进两岸关系和平发展，携手同心共圆中国梦

完成祖国统一大业是中华民族的根本利益所在。解决台湾问题，实现祖国统一，是中国梦的重要内容。没有国家的完全统一，就没有真正意义上的中华民族复兴，中国梦的实现离不开台湾。实

现中国梦，台湾不能缺位。台湾同胞是构筑中国梦的重要力量，负有义不容辞的历史责任。

习近平指出："两岸同胞是一家人，有着共同的血脉、共同的文化、共同的连结、共同的愿景，这是推动我们相互理解，携手同心，一起前进的重要力量。"两岸同胞一家亲，根植于我们共同的血脉和精神，扎根于我们共同的历史和文化。长期以来，台湾同胞都保持着强烈的中华民族意识和牢固的中华文化情感，打心眼里认同自己属于中华民族。即使在两岸政治对立、军事对峙期间，也始终坚持一个中国的原则。两岸同胞是骨肉天亲，"大家同根同源、同文同宗，心之相系、情之相融，本是血脉相连的一家人。两岸走近、同胞团圆是两岸同胞的共同心愿，没有什么力量能把我们割裂开来"。

习近平强调，两岸同胞虽然隔着一道海峡，但命运从来都是紧紧连在一起的。民族强盛，是同胞共同之福；民族弱乱，是同胞共同之祸。近代以来，由于中华民族国力孱弱，导致台湾被外族侵占，给两岸同胞留下了刻心之痛。化解这个历史留给中华儿女心头的共同创伤，实现祖国的统一，实现中华民族的复兴，把民族的命运掌握在中华民族自己手中，做一个走到哪里都受到尊敬的堂堂中国人，是近代以来中华儿女为之奋斗的目标。因为两岸同胞命运与共，因为两岸同胞的血脉里流动的都是中华民族的血、精神上坚守的都是中华民族的魂，只要两岸顺应时代发展的趋势、顺应人民的期待，真心诚意，彼此就没有解不开的心结。所以，习近平呼吁："中国梦是两岸共同的梦，需要大家一起来圆梦。两岸同胞要相互扶持，不分党派，不分阶层，不分宗教，不分地域，都参与到民族复兴的进程中来，让我们共同的中国梦早日成真。"

2008 年以来，两岸共同选择了两岸关系和平发展道路，两岸关系逐步跨入大交流、大合作、大发展的新阶段，直接双向"三通"全面实现，自由往来、经贸投资、旅游交流等更加便利。两岸党派、政要也在深化"九二共识"的基础上加强了密切的交流。海峡两岸关系协会与台湾海峡交流基金会经过多次商谈，签署了一系列协议，为两岸和平发展奠定了一系列制度性基础。尤其两岸经济合作框架协议的商签，是两岸经贸发展史上的一个里程碑，是大陆方面承诺"维护好台湾同胞权益，发展好台湾同胞福祉"的具体落实，使大陆与台湾的距离越来越近，为两岸关系的和平发展奠定了坚实的经济基础。事实证明，这是一条维护两岸和平、促进共同发展、走向民族复兴、造福两岸同胞的正确道路。两岸双方要巩固坚持"九二共识"、反对"台独"的共同基础，深化维护一个中国框架的共同认知，齐心协力推进两岸关系的和平发展，倡导"两岸一家亲"的理念，加强交流合作，共同促进中华民族伟大复兴。

当前，中华民族的伟大复兴处于新的阶段，正面临着难得的历史机遇。两岸应该顺应时代发展、民族振兴的大趋势，勇敢地把握机遇，共同推进和完成祖国统一这彪炳千秋的伟业。习近平指出："至于两岸之间长期存在的政治分歧问题，我们愿在一个中国框架内，同台湾方面进行平等协商，作出合情合理安排。我相信，两岸中国人有智慧找出解决问题的钥匙来。"在台湾方面，马英九上台后，也顺应人民的新期待，先后提出了"正视现实，共创未来，搁置争议，追求双赢"以及"为民兴利、两岸和平"等主张，并在 2014 年的元旦致辞中再度强调"台湾经济要想更上一层楼，必须打破两岸关系的僵局"。可以相信，只要顺应时代发展的客观趋势和两岸同胞的殷切期待，在和平发展的正确道路上勇敢地迈步前进，完成祖国统一大业必然指日可待，中华民族伟大复兴的中国梦必将实现。

◇ 三、团结海外侨胞为实现中国梦作出独特贡献

实现中国梦，是包括海外侨胞在内的海内外中华儿女的共同心愿。在 2010 年海外华裔及港澳台地区青少年"中国寻根之旅"夏令营开营式上，习近平指出：团结统一的中华民族是海内外中华儿女共同的"根"，博大精深的中华文化是海内外中华儿女共同的"魂"，实现中华民族伟大复兴是海内外中华儿女共同的"梦"。根据国务

▼ 美国华人华侨庆祝中华人民共和国成立 62 周年　　　　　　　　（新华社记者　宋穹/摄）

院侨办 2014 年统计数据，目前海外华人华侨有 6000 多万，分布在 191 个国家和地区，对于推动实现中国梦具有特殊的优势。

第一，海外侨胞是推动我国经济社会创新发展的独特力量。改革开放以来，凭着一颗爱国之心和血浓于水的深情，广大归侨侨眷和海外侨胞对中国的经济社会发展作出了不可磨灭的贡献。时至今日，侨资仍然是我国引进外资的主体，侨港澳企业约占我国外资企业总数的 70%，投资约占我国实际利用外资总额的 60% 以上，是推动中国经济前行和社会发展的重要力量。海外华人华侨人才济济。"千人计划"引进的 2793 名海外高层次人才中，95% 以上是华人华侨。仅欧美国家就有华人华侨科学家、专业人士近百万，他们活跃在当今世界各个前沿领域。华商被誉为世界移民族群三大金融力量之一，总资产近 4 万亿美元，东南亚华商在当地社会经济生活中占有相当比重。① 如此丰富的华人华侨经济、科技资源，是我国发展所急需的最重要的海外战略资源。实现中国梦，需要广大侨胞的积极参与和支持。

第二，海外侨胞是推动中华文化走出去、增强国家软实力的独特桥梁。实现中国梦，必须增强中华文化的国际影响力。中华文化是中华民族的"根"和"魂"，绵延几千年的中华文明是中国的软实力。海外近两万所各类华语学校，几十万华语教师，数百万华语学生，近千种华语媒体，两万多个华人华侨社团，无数中餐、中医和武术会所，以及近年来在海外兴办的孔子学院，是在世界传承和弘扬中华文化的中坚。华人华侨通过参与当地丰富多彩的文化活动，有力地弘扬了中华文化，促进了中外文化的交流、交融，增强了中国的软实力。

---

① 参见林军：《团结动员广大侨胞为实现中国梦共同奋斗》，《求是》2013 年第 17 期。

第三，海外侨胞是维护国家领土和主权完整、推动祖国和平统一的独特阵线。祖国强大是海外侨胞获得尊严和荣耀的基础，维护祖国统一是海外侨胞的坚定信念。在反"台独""疆独""藏独"等各种斗争中，海外侨胞是战斗在海外第一线的重要力量。

第四，海外侨胞是向世界讲好中国梦、促进中外友好的独特力量。当前，西方国家垄断着国际话语权，外部世界对中国梦是和平、发展、合作、共赢的梦还存在一些不了解、不理解、不相信甚至不接纳的情况。要想中国梦得到世界的广泛认同，发挥好华人华侨的作用是破解这一难题的一把钥匙。华人华侨长期生活在海外，熟悉中外文化，和当地人民和睦相处，积极融入主流社会，在当地社会具有深广的人脉。他们是一张张撒向世界各地的中国名片，是讲好中国故事、传播中国声音的民间大使。他们对中国梦客观而准确的介绍易于为当地人民听懂和认可。

中国梦的实现承载着中华儿女的共同向往。海外侨胞与祖国荣辱与共，是中国特有的优势和宝贵的资源。党的十八届三中全会吹响了全面深化改革的号角，现在正是广大华侨发挥自己的优势、施展抱负的大好时机。广大海外侨胞，要弘扬华侨优良传统，参与到实现中国梦的进程中来，为实现中国梦作出贡献，并分享中国梦所带来的机遇、荣耀和尊严。

▌ 本章小结 ▌ ……………

实现中国梦，凝聚了几代中国人的夙愿，体现了中华民族和中国人民的整体利益，是每一个中华儿女的共同期盼。办好中国的事情，关键在党。历史的选择以及中国共产党不可比拟的优势决定了中国共产党是实现中国梦的坚强领导核心。伟大的中国梦，只有在中国共产党的领导下才能够实现。团结和带领全国各族人民实现中华民族的伟大复兴，这是历史赋予中国共产党人的庄严使命。唯有始终不渝地坚持党的领导，毫不动摇地走中国特色社会主义道路，才能迎来国家富强、民族振兴、人民幸福的美好未来。实现中国梦必须凝聚中国力量。中国人民是推进改革和实现现代化的中坚力量，是社会发展活力和创新创造的力量之源，也是中国共产党实现中国梦必须始终依靠的力量源泉。必须巩固和发展统一战线，团结海内外中华儿女共圆共享中国梦。

思 考 题

1. 为什么说中国共产党是实现中国梦的领导核心，它具有怎样的优势地位？

2. 为什么说人民群众是实现中国梦的中坚力量，新时期怎样贯彻落实党的群众路线？

3. 新时期怎样巩固和发展爱国统一战线，实现中国梦？

第 七 章

实现中国梦必须坚持和平发展的道路

中华民族是爱好和平的民族，和平发展、稳定繁荣的中国是世界的福音，是机遇而不是威胁、是贡献而不是负担。中国人民正在中国共产党领导下为实现"两个一百年"的目标、为实现中国梦而奋斗，实现上述两个奋斗目标必须有和平的国际环境。世界潮流，浩浩荡荡；顺之者昌，逆之者亡。和平、发展、合作、共赢已经成为当今时代主题，全面建成小康社会、实现中国梦必须坚持和平发展道路，推动建立以合作共赢为核心的新型国际关系。坚持走和平发展道路的底线和前提是坚决维护国家的主权、安全和发展利益。中国不惹事但也不怕事，要更好地统筹国内国际两个大局，以自身发展维护和促进世界和平，扩大同各方利益汇合点，使中国梦不仅造福中国人民，而且造福世界各国人民。

第一节　促进和平发展

坚持和平发展道路，这是中国特色社会主义的必然选择。新中国成立以来，十几亿中国人从脱贫走向小康，直至今天努力全面建成小康社会，对世界和平与发展作出了伟大贡献。和平发展道路是根据时代发展潮流和中国根本利益作出的战略抉择，要始终坚持独立自主的和平外交政策，坚定不移地维护自己的主权、安全、发展利益。中国坚持开放的发展、合作的发展、共赢的发展，既通过维护世界和平发展自己，又通过自身发展维护世界和平。

✧　一、和平与发展仍然是时代主题

中国多次向世界宣示，将始终不渝走和平发展道路，永远不称霸，永远不搞扩张；在坚持自己和平发展、为全面建成小康社会而奋斗的同时，致力于维护世界和平，积极促进世界各国共同发展繁荣。坚持和平发展道路，是基于对时代潮流和国际局势所作出的科学判断：尽管当前世界格局处于大发展大变革大调整之中，和平与发展仍然是时代主题。

20 世纪下半叶，旧的殖民体系土崩瓦解。20 世纪末，冷战时期的两大集团对抗也不复存在。21 世纪以来，世界格局从冷战结束后的单极世界朝多极格局方向曲折发展，大国关系不断变化和调整，世界上各种政治力量不断分化和组合，任何国家或国家集团都再也无法单独主宰世界事务。并且，一大批新兴市场国家和发展中国家迅速发展，多个发展中心在世界各地区逐渐形成。国际力量对比此消彼长，继续朝着相对均衡的方向发展，和平、发展、合作、共赢的时代潮流更加强劲。

经济全球化深入发展，文化多样化、社会信息化在持续推进。经济资源跨越国界在全球范围内流动和配置，一方面使世界各国的相互联系、相互依存程度空前加深；另一方面也大大增大了各国各地区经济运行的风险，特别是在资金、技术、人才、管理以及贸易、投资、金融等方面不占据优势的发展中国家，他们的国家主权和经济安全易于受到挑战。文化多样化是人类社会发展的一个基本特征，经济全球化和政治多极化趋势使文化多样化的价值与意义日益凸显，各种思想文化交流交融交锋更加频繁，世界文化多样化在不同文化的相互依存、对话、交流中发展。新信息技术革命所带来的社会信息化正在深入而广泛地影响社会政治领域，改造社会生活方式与管理方式，全球政治、经济和文化联系日益加强，形成多种文化相互交融的新文化，开启了崭新的社会文明形态。

政治、经济、科技、社会和文化等各层面的快速变化与发展，使人类生活在同一个地球村里，生活在历史和现实交汇的同一个时空里，越来越成为你中有我、我中有你的命运共同体。今天，这样一个人类命运共同体面临着许多共同挑战：国际金融危机对世界经济政治格局的深层次影响继续显现，世界经济复苏进程缓慢而曲折；形形色色的保护主义明显升温，世界经济治理体系的重塑过程充满了各方利益博弈；地区热点此起彼伏，霸权主义、强权政治和新干涉主义有所上升；军备竞争、恐怖主义、网络安全等传统安全威胁和非传统安全威胁相互交织……国际形势的新发展和新问题使得维护世界和平、促进共同发展仍然任重道远。因此，中国发展的外部条件正在发生很大变化，外部环境更趋复杂。

综合上述几个方面判断，当前和今后一个时期，中国所面临的国际环境仍然是机遇大于挑战，国际力量对比继续朝着有利于世界和平与发展的方向演进，尽管会不断出现局部紧张、地区动荡乃至局部战争，但世界和平与发展的大局可以保持总体稳定。世界要和平、人民要合作、国家要发展、社会要进步，这是当今时代的潮流。一方面，和平与发展仍然是当今时代的主题，中国所面临的国际环境的基本面并未发生根本性变化；另一方面，中国国力正在不断增强，全球共同体不断出现各种新问题与新困难，大大增强了中国积极参与国际治理体系的改革、推动建立新型国际关系和主动塑造有利外部环境的机会。

◇　二、和平发展道路是思想自信和实践自觉的有机统一

中国始终不渝走和平发展道路，这是中国对国际社会关注中国发展走向的回应，更是中国人民对实现自身发展目标的自信和自觉。这种自信和自觉，来源于马克思主义的指导思想，来源于中华文明的深厚渊源，来源于中国人民从近代以后苦难遭遇中得出的必然结论，来源于对实现中国发展目标条件的认知，来源于对世界发展大势的把握，是思想自信和实践自觉的有机统一。

中国坚持走和平发展道路，是马克思主义中国化的重大成果。马克思主义认为，建立社会主义需要暴力革命，发展社会主义需要和平。中国特色社会主义是主张和平的社会主义，发展生产力的社会主义，和平发展道路是把中国特色社会主义对内不断发展社会生产力的根本战略和对外主张和平的根本战略联结和贯穿起来，从发展道路的高度加以集中概括和宣示。

中国坚持走和平发展道路，是对几千年来中华民族热爱和平的文化传统的继承和发扬。有着五千多年历史的中华文明，始终崇尚和平，和平、和睦、和谐的追求深深植根于中华民族的精神世界之中，深深融化在中国人民的血脉之中。正如江泽民指出的那样："中华民族自古就有以诚为本、以和为贵、以信为先的优良传统。

中国在处理国际关系时始终遵循这一价值观。中国对外政策的宗旨是维护世界和平、促进共同发展。""以和为贵""和而不同""化干戈为玉帛""国泰民安""睦邻友邦""天下太平""天下大同"等理念世代相传。中国历史上曾经长期是世界上最强大的国家之一，但没有留下任何殖民和侵略他国的记录。

中国坚持走和平发展道路，是中国人民从近代以后蒙受外国侵略和内部战乱的百年苦难中得出的必然结论。从 1840 年鸦片战争到 1949 年新中国成立的 100 多年间，中国社会战火频频、兵燹不断，内部战乱和外敌入侵循环发生，给中国人民带来了不堪回首的苦难，也给中国人留下了刻骨铭心的记忆。消除战争，实现和平，是近代以后中国人民最迫切、最深厚的愿望。中国人民对和平有着孜孜不倦的追求，绝不走侵略和殖民之路来剥夺他国、发展自己。

中国坚持走和平发展道路，是新中国成立以来特别是改革开放以来，中国共产党经过艰辛探索和不断实践逐步形成的坚定信念。中国的和平发展道路来之不易，在长期实践中，我们提出和坚持了和平共处五项原则，确立和奉行了独立自主的和平外交政策，向世界承诺永远不称霸、永远不搞扩张，始终强调中国是维护世界和平的坚定力量。以毛泽东为核心的党的第一代中央领导集体，强调要大力发展与社会主义国家的合作，在坚持和平共处、平等互利的基础上，向外国学习一切值得学习的东西。以邓小平为核心的党的第二代中央领导集体作出了当今时代主题是和平与发展的重大判断，果断实施改革开放。以江泽民为核心的党的第三代中央领导集体大力实施"引进来"和"走出去"相结合的新战略。以胡锦涛为总书记的党中央提出中国"始终不渝走和平发展道路""始终不渝奉行互利共赢的开放战略"等重要思想。党的十八大以来，以习近平为总书记的党中央，从构建新型大国关系到坚持正确义利观，强调把握好国内国际两个大局和坚决维护国家核心利益，主张推动建立以合作共赢为核心的新型国际关系。

中国坚持走和平发展道路，是基于中国国情和中国发展目标的唯一选择。中国已经成为世界第二大经济体，但中国仍处于并将长期处于社会主义初级阶段的基本国情没有改变，中国是世界上最大发展中国家的国际地位没有改变。为实现全面建成小康社会的历史目标，需要稳定的国内环境与和平的国际环境，确保中国人民能够一心一意进行中国特色社会主义建设。因此习近平强调，没有和平，中国和世界都不可能顺利发展；没有发展，中国和世界也不可能有持久和平。

中国坚持走和平发展道路，是基于对世界发展大势的把握所作出的正确战略抉择。什么是当今世界的潮流？答案只有一个，那就是和平、发展、合作、共赢。中国不认同"国强必霸"的陈旧逻辑，中国的崛起是和平的。当今世界，殖民主义、霸权主义的老路已经无法走通。只有坚持走和平发展道路，只有同世界各国一道维护世界和平，中国才能实现自己的目标，才能为世界作出更大贡献。

中国坚持走和平发展道路，是中国特色社会主义的本质要求。邓小平强调指出："我们搞的是有中国特色的社会主义，是不断发展社会生产力的社会主义，是主张和平的社会主义。"[①]中国特色社会主义道路是中国人民经过长期艰苦探索后找到的正确道路。主张和平、反对侵略，是科学社会主义的基本原则。坚持和平发展，

---

① 《邓小平文选》第三卷，人民出版社1993年版，第328页。

是中国特色社会主义的必然选择，也是中国特色社会主义的显著特征和本质要求。按照中国特色社会主义的要求，中国的发展是科学发展、和谐发展、和平发展。作为中国国家发展战略和方向在对外领域的自然延伸，和平发展战略是中国国家本质在国际上的自然展现。

总之，中国走和平发展道路，不是权宜之计，更不是外交辞令，而是从历史、现实、未来的客观判断中得出的结论，是思想自信和实践自觉的有机统一。中国梦是追求和平的梦，中国梦需要和平，只有和平才能实现梦想。历史将证明，全面建成小康社会、实现中国梦给世界带来的是机遇不是威胁，是和平不是动荡，是进步不是倒退。拿破仑说过，中国是一头沉睡的狮子，当这头睡狮醒来时，世界都会为之发抖。2014 年在法国演讲时，习近平宣告中国这头狮子已经醒了，"但这是一只和平的、可亲的、文明的狮子"。

第二节　推动合作共赢

面对国际形势的深刻变化和世界各国同舟共济的客观要求，围绕着国内国际两个大局，为了实现"两个一百年"奋斗目标和中华民族伟大复兴的中国梦，争取良好外部条件，维护国家主权、安全、发展利益，中国将坚持和平、发展、合作、共赢的发展道路，实行更加积极主动的互利共赢开放战略，广泛深入宣传坚持走和平发展道路的战略思想，推动世界各国共同建立以合作共赢为核心的新型国际关系，维护世界和平、促进共同发展。

◇ 一、坚持互利共赢的开放战略

在全球化时代，各国相互联系、相互依存，成为命运共同体。世界各国需要充分发挥比较优势，共同优化全球资源配置，完善全球产业布局，以建设利益共享的全球价值链。作为这一命运共同体的一员，中国已经取得举世瞩目的发展成就，但仍然是一个最大的发展中国家，仍然面临一系列严峻挑战，还有许多需要面对和解决的问题。要实现中国梦，要实现"两个一百年"的奋斗目标，根本要靠中国人民艰苦奋斗，同时也需要世界各国人民理解和支持，需要和世界各国互利合作实现共赢发展。同时，随着我国对外开放水平不断提高，企业和人员"走出去"的规模不断扩大，我国发展日益呈现出本土利益和海外利益并重的巨大转变。维护好、发展好不断扩大的海外利益需要依靠我国综合国力的不断增强，也需要我们与各国保持和平友好关系，需要我们促进地区与世界的和平稳定。因此，坚持互利共赢的开放战略符合经济全球化条件下谋求互利合作，实现共同繁荣的正确理念和时代潮流。

大国崛起必然带来国际力量格局的深度调整，各方面都要经历反复磨合、博弈甚至激烈的斗争过程，外部压力和挑战空前增多。内部的发展和外部的压力与挑战都需要在进一步推进改革开放的过程中得到解决，改革开放永无止境，只有进行时没有完成时。中国越发展，就越开放，中国开放的大门不可能关闭。"满招损，谦受益。"要坚持对外开放的基本国策不动摇，更加注重学习吸收世界各国人民创造的优秀文明成果，同世界各国相互借鉴、取长补短、包容并蓄，走同其他国家和谐共生的发展道路。因此，坚持互利共赢的开放政策符合中国特色社会主义的内在本质，是中国长远发展的战略要求。

2013 年 3 月，在十二届全国人大一次会议的讲话中，习近平强调，中国将始终不渝奉行互利共赢的开放战略。中国的发展是开放的发展，中国坚持对外开放的基本国策，坚持互利共赢的开放战略，不断提高开放型经济水平。中国的发展也是合作的发展，坚持共同发展的理念，在平等互利的基础上开展同世界各国的经济技术合作，通过合作促进自身发展和各国共同发展。因此，坚持互利共赢的开放政策是走和平发展道路的必然选择，有利于扩大和维护世界和平，有利于促进世界的共同繁荣。

坚持互利共赢的开放战略，需要坚持正确义利观，有原则、讲情谊、讲道义，扎实推进同各国的务实合作，多向发展中国家提供

▼ 中美两国代表出席第五轮中美战略与经济对话大范围会谈 （新华社记者 王雷/摄）

力所能及的帮助。

坚持正确义利观需要正确对待和处理"义"与"利"的关系。"义"，反映的是我们的一个理念，中国共产党人、社会主义国家的理念。这个世界上一部分人过得很好，一部分人过得很不好，这不是个好现象。真正的快乐幸福是大家共同快乐、共同幸福。中国希望全世界共同发展，特别是希望广大发展中国家加快发展。"利"，就是要恪守互利共赢原则，不搞我赢你输，要实现双赢。中国有义务对贫穷的国家给予力所能及的帮助，有时甚至要重义轻利、舍利取义，绝不能唯利是图、见利忘义。

坚持正确义利观需要坚持中国重视道义与责任的传统。重视道义与责任是我国优秀传统文化的重要内容，重义轻利、先义后利、取利有道，是中华民族数千年来一以贯之的道德准则和行为规范。重视道义与责任，也是新中国外交的一个鲜明特色，我们曾经在自身经济十分困难的情况下，还充分发扬国际主义精神，仍然坚持向亚非拉广大第三世界国家提供力所能及的帮助。随着综合国力的增强，对发展中国家援助的规模、质量和成效也不断提升到新水平。在警惕中国责任论的同时，要努力承担与自身国力相适应的国际责任。

坚持正确义利观需要与世界各国务实合作，特别是发展中国家和周边国家。只有坚持正确义利观，才能把工作做好、做到人的心里去。政治上要秉持公道正义，坚持平等相待，遵守国际关系基本原则，反对霸权主义和强权政治，反对为一己之私损害他人利益、破坏地区和平稳定。经济上要坚持互利共赢、共同发展。对那些长期对华友好而自身发展任务艰巨的周边和发展中国家，要更多考虑对方利益，不要损人利己、以邻为壑。继续把周边作为外交优先方向，营造更加和平稳定、发展繁荣的周边环境。始终站在发展中国家一边，构建与发展中国家的命运共同体。在国际事务中积极发挥负责任大国作用，为维护世界和平、促进共同发展承担应尽的责任。

坚持互利共赢的开放战略，需要找到利益的共同点和交汇点，建立与世界不同国家和地区的互利共赢机制，加强与不同历史文化、不同国情、不同社会制度的国家和地区之间的相互了解和相互理解。

努力推动与各大国关系协调发展，改善中国和平发展的战略环境。中美双方都有建设新型大国关系的政治意愿，但中美构建新型大国关系是一个需要中美双方，包括社会各界共同探讨和实践的系统工程，也是一个需要双方保持政治定力，持之以恒、不懈推进的长期事业。俄罗斯是我国周边最大邻国和世界大国，中俄两国都处在民族复兴的关键阶段，拥有广泛的共同利益。中俄关系发展得好，我们在和平发展道路上就有了一个强有力的战略协作伙伴。欧洲是世界上的重要一极，同我国经济互补性很强，充分挖掘中欧合作潜力，有利于我们的和平发展事业。印度、巴西等是重要新兴大国，保持与这些国家的关系和谐，不仅关系到我国的和平发展，也攸关新兴力量的团结。

按照"亲、诚、惠、容"的周边外交理念，不断巩固与周边国家的睦邻友好，有利于打造中国和平发展的地缘依托。要巩固地缘相近、人缘相亲的友好情谊，要坚持以诚待人、以信取人的相处之道，要履行惠及周边、互利共赢的合作理念，还要展示开放包容、求同存异的大国胸怀。坚持与邻为善、以邻为伴，同周边国家和睦相处、守望相助，聚焦发展合作的主题。同时，要坚决维护周边地区的和平稳定，例如坚持维护朝鲜半岛的和平与稳定，决不允许在我们家门口生乱生事。

积极促进与广大发展中国家的互利合作，增加对发展中国家特别是最不发达国家的援助，探索合作的新方式，切实帮助他们实现自主发展和可持续发展。例如，在中国对非政策中坚持"真、实、亲、诚"四字原则，对待非洲朋友我们讲一个"真"字，开展对非合作我们讲一个"实"字，加强中非友好我们讲一个"亲"字，解决合作中的问题我们讲一个"诚"字。加强金砖国家、中非合作论坛、中阿合作论坛建设，推动建立中拉整体合作机制，维护发展中国家共同利益，提升发展中国家在国际事务中的代表性和发言权。

◇　二、建立以合作共赢为核心的新型国际关系

面对世界经济的复杂形势和全球性问题，任何国家都不可能独善其身、独自应对，这就要求各国同舟共济、和衷共济，在追求本国利益时兼顾他国合理关切，在谋求本国发展中促进各国共同发展，建立更加平等均衡的新型全球发展伙伴关系，增进人类共同利益。当前重大深刻的国际国内形势变化也要求中国在国际事务中积极发挥负责任大国作用，为维护世界和平、促进共同发展承担应尽的责任。

延伸阅读

差异与合作[①]

世界文明形态具有多元性，这当然包括制度文明的多元性。不同制度文明之下，各国政治制度的差异性是客观

———————
① 参见魏南枝：《差异与合作——帕斯奎诺教授谈当今中国政治》，《求是》2013 年第 19 期。

存在的，这种差异是不同制度文明之间冲突或者合作的渊源所在。

世界各国政治制度既有差异，也有相似或共同之处。各国基本价值观的差异是形成政治制度差异性的主要原因之一，但各国历史传统与政治环境的不同，对这种差异性的形成具有更为重要的作用。世界各国在探究彼此差异性的同时，更应当认识到，制度文明的多元性是自古存在的，但绝非不可逾越，加强不同政治制度的合作也不会因为这种差异性而失去可能。

当然，这种跨越制度文明差异性的合作，应当以尊重并认可这种差异为前提。在西方世界已经得到广泛认同的是，民主的本质就是一种程序，而这种程序具体体现为，通过多数人的选举来确定权力的正当性地位，选举则成为表达授权的工具。西方竞争式民主所具有的竞争性实际上存在于中国共产党内部的多元结构之中，而中国政治正当性来源于中国式的大众政治授权机制。因此，中国不应当害怕辩论，应当将自己的制度与道路阐释清楚，并通过与其他制度文明的比较与辩论，在更好地了解别人的同时，也更清楚地对自己进行界定。

东方与西方的合作、南方与北方的合作、中国与美国的合作等等，支撑着人类社会的进步。承认并尊重制度文明的差异性，加强不同制度文明的沟通、理解与合作，可以催生新的思想与理论，也有助于推动世界的和平发展。

　　中国绝不会做国际体系中坐享其成的"搭便车者"，而将从世界和平与发展的大义出发，以更加积极的姿态参与国际事务。习近平多次阐述了推动建立以合作共赢为核心的新型国际关系，和各国人民一起维护世界和平、促进共同发展的思想：在莫斯科国际关系学院的演讲中，提出"各国和各国人民应该共同享受尊严，应该共同享受发展成果，应该共同享受安全保障"；在金砖国家领导人第五次会晤时，提出推动建设"全球发展伙伴关系"的主张；在博鳌亚洲论坛年会上，提出"牢固树立命运共同体意识"的主张；在同奥巴马举行中美元首第二场会晤时，提出"共同推动构建一个更符合世界生产力发展要求、更有利于世界各国共同发展、更加完善的全球治理体系"；在访问法国的时候，提出"积极推动国际秩序朝着更加公正合理的方向发展"；等等。

　　世界经济融合加速发展，区域合作方兴未艾。中国已经在欧亚地区建立起多个区域合作组织。欧亚经济共同体和上海合作组织成员国、观察员国地跨欧亚、南亚、西亚，要通过加强上海合作组织同欧亚经济共同体的合作，争取获得更大的发展空间。通过中国—东盟海上合作基金，发展好与东盟国家的海洋合作伙伴关系，共同建设 21 世纪"海上丝绸之路"。同有关国家共同努力，加快基础设施互联互通，建设好丝绸之路经济带、孟中印缅经济走廊、中巴经济走廊等，以周边为基础加快实施自由贸易区战略，扩大贸易、投资合作空间，构建区域经济一体化新格局。中国和俄罗斯、新西兰等国在本币结算方面已开展了良好合作，积累了丰富经验。

　　合作共赢理念昭示了中国外交的新思维和新思路，顺应了各国相互依存日益深化、人类命运共同体意识不断增强的时代潮流。在发展国与国的关系之中，尊重彼此自主选择社会制度和发展道路的权利，尊重各自推动经济社会发展、改善人民生活的探索和实践，坚定对对方战略走向的信心，在对方重大关切问题上相互支持。合作共赢是新时期国际关系稳定健康发展、有效应对各种全球重大危机和挑战的根本途径。唯有建立以合作共赢为核心的新型国际关系，才能实现国际社会的公平正义，才能避免或限制一些国家片面追求利益最大化，才能从根本上维护好各国利益，才能确保世界的和平、稳定与发展。

中国致力于推动国际关系民主化、推进人类和平与发展。积极主动参与国际发展议程的制定，对全球治理体系的变革发挥建设性作用，缩小南北发展差距，推动以合作共赢为核心的新国际秩序的建立，使国际秩序朝着更加公正合理的方向发展，为世界和平稳定提供制度保障，促进全球更加平衡地发展。大力推动建设全球发展伙伴关系，促进各国共同繁荣。

◇ 三、中国不惹事也不怕事

经济全球化是当代经济发展的一种趋势，对世界各国来说，既提供了前所未有的历史机遇，也提出了严峻的挑战，既可能从中获利，也有可能受损。尽管中国坚持走和平发展道路赢得了世界大多数国家人民的认同与支持，但一个崛起的中国让外部世界难免会产生一些复杂的认识：有些人不接受中国的崛起，"中国崩溃论"和"中国唱衰论"等各种说法长期存在；有些人对中国的崛起存在疑虑，希望在各种大国力量之间取得战略平衡；也有一些人总是戴着有色眼镜看中国，认为中国发展起来了必然是一种"威胁"，给中国维护国家核心利益的主张扣上"强硬"的帽子，甚至把中国妖魔化，在军事安全领域蓄意煽动所谓"中国威胁论";还有一些人对中国的和平发展道路进行片面解读,认为中国为了寻求发展会不断降低原则和底线,因而屡屡制造事端,对中国进行挑衅。

中国周边地缘环境复杂,邻国众多且情况各异,各种敏感问题、热点区域汇聚,民族、宗教、边界、资源等各种矛盾交织,使近年来中国边疆形势和周边环境日趋复杂,面临着诸多新问题、新挑战。海疆问题往往具有历史与现实交织的特点,例如钓鱼岛问题、南海问题等都是历史和现实交织的复杂问题。海疆问题的复杂化与尖锐化同区域内外个别国家的介入密不可分。由于历史、自然和宗教等多种因素,边疆民族地区历来是敌对势力分化和瓦解中国的突破口,反分裂、反渗透、反破坏的斗争长期存在。近年来,宗教极端主义和境外分裂势力相勾结,边疆民族地区反分裂斗争的形势比较严峻。此外,非传统安全领域的威胁不断上升,尤其在恐怖主义、核安全、网络安全、水源争端、能源安全、毒品走私等问题上面临严峻挑战。

面对上述不同说法和日益复杂的周边环境与安全环境,习近平对坚持走和平发展道路与坚决维护国家主权、安全、发展利益的辩证统一关系作出深刻阐述:我们坚持走和平发展道路,但决不能放弃我们的正当权益,决不能牺牲国家核心利益。任何外国不要指望我们会拿自己的核心利益做交易,不要指望我们会吞下损害我国主权、安全、发展利益的苦果。中国走和平发展道路,其他国家也要走和平发展道路,只有各国都走和平发展道路,各国才能共同发展,国与国才能和平相处。中国发展决不以牺牲别国利益为代价,我们决不做损人利己、以邻为壑的事情,将坚定不移做和平发展的实践者、共同发展的推动者、多边贸易体制的维护者、全球经济治理的参与者。

世界上任何一个国家的主权、安全、发展利益，都是该国的核心利益，都是不容冲击和触犯的战略底线和根本性原则。1840—1949 年，积贫积弱的中国备受欺凌，国家和民族的核心利益底线一再被侵犯。中国人民坚持自尊、自强，奋起抗争，终于掌握了自己的命运。自毛泽东宣布"中国人民从此站起来了"之日起，中国人民不再是一盘散沙，而是民心凝聚，国力不断增强。尽管新中国始终奉行防御性的国防政策，不对任何国家进行军事威胁，不同任何国家搞军备竞赛，不走侵略扩张、争霸世界之路；但是，中国再不能重复鸦片战争以后在列强坚船利炮下被奴役、被欺凌的历史悲剧，必须有足以自卫防御的国防力量，在维护国家主权和领土完整等问题上，中国决不放弃使用武力。

中国始终是反对侵略和干涉、维护世界和平的坚定力量。中国的发展壮大，带给世界的是更多机遇而不是威胁。面对外界各种不同看法与偏见，要始终坚持立足于中国的基本国情和发展中国家的定位，既不妄自菲薄，也不妄自尊大。中国历来主张通过对话谈判和平解决国际争端，力求避免成为国际矛盾的焦点，防止陷入冲突对抗的旋涡。

中国不会惹事，但也不怕事。例如在钓鱼岛等问题的处理上，中国愿意同包括日本在内的所有国家友好相处，但这是有原则、有底线的，坚持和平发展道路绝不意味着与维护国家核心利益相割裂，在涉及国家领土主权等国家核心利益和重大原则问题上决不能退让。一切以捍卫国家核心利益为根本原则，针对不同的人与事采用合作与斗争的不同办法，推动国际事务和平发展。既要敢于斗争，也要善于斗争，要善于管控危机，把握斗争的主动性和灵活性。

世界和平需要世界各国共同维护。国与国之间的和平相处，必须坚持平等互信、包容互鉴，才能真正赢得共同发展。因此，针对国际社会的霸权主义，中国不会置之不理或退避三舍；面对有违国际公平正义的强权政治，中国不会视而不见以独善其身。只有积极地推动世界各国都走和平发展道路，这条道路才能真正走得通、走得远。

习近平强调，我们一定要抓住机遇，集中精力把自己的事情办好，使国家更加富强，使人民更加富裕，依靠不断发展起来的力量更好地走和平发展道路。中国的历史教训已经证明，离开实力的和平是不可持续的，缺乏实力保障的国家核心利益也是难以维护的，"人类历史上，没有一个民族、没有一个国家可以通过依赖外部力量、跟在他人后面亦步亦趋实现强大和振兴。那样做的结果，不是必然遭遇失败，就是必然成为他人的附庸"。因此，要更好地统筹国内国际两个大局，关键在于办好自己的事情，重视独立自主战略的物质基础建设和共同思想基础建设，只有精神上独立自主，才能增强做中国人的骨气和底气，才能以更自信自主的心态办好大国外交，才能不屈服于任何外来压力，坚决维护国家主权、安全、发展利益。

第三节　中国梦与世界

中国是负责任的国家，全面建成小康社会、实现中国梦不仅致力于中国自身的发展，也强调对世界的责任和贡献；不仅造福中国人民，而且造福世界人民。中国梦与世界各国人民美好梦想相通，全面建成小康社会、实现中国梦给世界带来的是和平，不是动荡；是机遇，不是威胁；是贡献，不是负担。中国将同国际社会一道，推动实现持久和平、共同繁荣的世界梦。

◇ 一、中国梦与各国人民的梦想相通

外部世界对中国崛起和中国梦的误解甚至恐惧，源自于冷战思维和零和博弈的束缚。在人类社会日益成为一个共同体的今天，冷战思维和零和博弈已经面临种种危机。不同国家相互帮助、解决面临的突出共同问题是世界经济发展的客观要求，应当在竞争中合作、在合作中共赢，在追求本国利益时兼顾别国利益，在寻求自身发展时兼顾别国发展。

实现中华民族的伟大复兴，是近代以来中国人民最伟大的梦想，是 13 亿中国人民的共同梦想。中国梦的基本内涵是实现国家富强、民族振兴、人民幸福。中国梦的实现需要始终坚持走和平发展道路，中国的发展不是损人利己、我赢你输的发展，对他国、对世界绝不是挑战和威胁。中国决不会称霸，决不搞扩张。中国越发展，对世界和平与发展就越有利。中国不仅是合作共赢的积极倡导者，更是合作共赢的真正践行者。

我们在追求中华民族伟大复兴梦想的时候，必须坚持和平发展合作共赢的道路，让世界看到，中国的崛起和发展绝不是什么威胁，而是促进了世界的和平与繁荣，给各国带来了发展的机遇。例如，中国对非洲提供的力所能及的援助从不附带任何政治条件，超半数对外援助放在非洲，已经为非洲援建千余个成套项目，并将在高铁、高速公路、航空三大网络进行合作。中国的发展，是世界和

▲ 2014 年 6 月 16 日南非约翰内斯堡"中国梦与非洲梦"研讨会现场

（新华社记者　李启华/摄）

平力量的壮大，是传递友谊的正能量。

习近平在访问俄罗斯时曾表示，"中国发展壮大，我们要实现的中国梦，不仅造福中国人民，而且造福各国人民"。在访问非洲时曾表示，"中非人民要加强团结合作、加强相互支持和帮助，努力实现我们各自的梦想。我们还要同国际社会一道，推动实现持久和平、共同繁荣的世界梦"。在访问拉丁美洲前曾表示，"中国和拉美虽然远隔重洋，但我们的心是相通的。联结我们的不仅是深厚传统友谊、密切利益纽带，还有我们对美好梦想的共同追求"。在访问美国时曾表示，中国梦与包括美国梦在内的世界各国人民的美好梦想相通。在访问法国时曾表示，"中国梦是法国的机遇，法国梦也是中国的机遇……中法两国和两国人民在实现中国梦和法国梦的过程中相互理解、相互帮助，共同实现'中法梦'"。在比利时发表演讲时强调，要建设和平稳定之桥、要建设增长繁荣之桥、要建设改革进步之桥、要建设文明共荣之桥。

中国的对外交往与对外合作更多关注世界各国人民的个人梦想，鼓励支持更多有实力、有信誉的中国企业"走出去"，为当地增加就业、改善民生、提高基础设施建设水平作贡献。加大对"走出去"企业的指导，引导企业履行更多社会责任，积极回馈当地社会。促进教育、科技、卫生、文化等领域的对外交流合作，帮助发展中国家提高人力资源开发能力。将重心更多向民生领域倾斜，把对外援助更多用于社会民生项目，让合作成果更多惠及各国人民尤其是基层人民，让更多外国民众更方便感知中国、了解中国，就能不断扩大支持中国和平发展的世界性民意基础。

❖ 二、中国梦是奉献世界的梦

"各美其美，美人之美，美美与共，天下大同。"人类文明的多样性，决定了梦想的丰富多彩，广大的国际社会正在推动实现持久和平、共同繁荣的世界梦。"中国梦"不是关起门来做自己的"小梦"，而是一个开放、包容、共享的"大梦"，是奉献于世界共同利益的梦。

"穷则独善其身，达则兼济天下。"这是中华民族始终崇尚的品德和胸怀。中国一心一意办好自己的事情，既是对自己负责，也是为世界作贡献。随着中国不断发展，中国不仅将与世界各国建立起务实合作关系，还已经并将继续尽己所能，坚持并弘扬平等互信、包容互鉴、合作共赢的精神，为推动建设持久和平、共同繁荣的世界梦作出自己的贡献。

据商务部统计，中国加入世界贸易组织 10 年，平均每年进口 7500 亿美元的商品，相当于为贸易伙伴创造了 1400 多万个就业岗位。在华投资的外商企业累计汇出的利润是 2617 亿美元。中国对外投资企业聘用的当地员工近 80 万人，每年在当地纳税超过 100 亿美元。国家统计局公报显示，2013 年，中国货物进口总额达 19504 亿美元，增长 7.3％；服务进口总额 3291 亿美元，增长 17.5％；全年非金融领域对外直接投资额 902 亿美元，比 2012 年增长 16.8％；国内居民出境 9819 万人次，增长 18％。其中因私出境 9197 万人次，增长 19.3％。2013 年中国经济增长对全球经济增长的贡献将近 30％，大大高于中国占全球经济规模的比重，发挥了超过中国经济规模的带动力。自 2011 年以来，国家知识产权局受理的发明专利申请量连续三年居世界首位。

2013 年 4 月 17 日，世界银行发布的《世界发展指标》报告显示，中国极度贫困人口占世界极度贫困人口总数的比例从 1981 年的 43％下降至 2010 年的 13％，中国为全球减贫作出巨大贡献。2014 年，李克强指出："我们要像对贫困宣战一样，坚决向污染宣战"，并宣布了"向污染宣战"的 2014 年行动目标和计划等。中国国家文化软实力正在不断提高，让优秀的中华文明为全球提供更多的公共产品，从而为构建更加多元繁荣的世界文明作出自己的贡献。

毛泽东在《纪念孙中山先生》一文中说过："再过四十五年，就是二千零一年，也就是进到二十一世纪的时候，中国的面目更要大变。中国将变为一个强大的社会主义工业国。中国应当这样。因为中国是一个具有九百六十万平方公里土地和六万万人口的国家，中国应当对于人类有较大的贡献。而这种贡献，在过去一个长时期内，则是太少了。这使我们感到惭愧。"[1]21 世纪的今天，中国成为

---

[1] 《毛泽东文集》第七卷，人民出版社 1999 年版，第 156 页。

世界第二大经济体、世界最大工业生产国。从上述统计数据可以看出，中国对全球经济增长、贸易增长、扶贫减贫等作出了极大贡献，并且，随着中国发展方式和增长模式的调整，中国的创新贡献、绿色贡献和文化贡献的成就也在日益凸显。中国的发展不仅惠及中国人民，还为世界其他国家的发展提供了机会，为人类的发展与进步作出了贡献。

中国继续奉行独立自主的和平外交政策，把中国人民利益同各国人民共同利益结合起来。中国要在国际事务中发挥负责任大国作用，提供我国和平发展的公共产品。随着国力不断增强，中国将在力所能及的范围内承担更多国际责任和义务，为人类和平与发展作出更大贡献。中国是世界和平事业的坚定维护者。我们坚决维护联合国宪章宗旨和原则，反对外部势力无理干涉别国尤其是中小国家的内政。中国是国际发展事业的大力推动者，我们积极致力于联合国千年发展目标，认真应对气候变化等全球性问题，发出中国声音，提出中国方案，贡献中国智慧。一个和平发展、更为强大的中国必将为人类的和平与进步事业承担更多的责任，提供更多的公共产品，与各国更多地分享发展机遇，帮助他们更好地实现自己的梦想。因此，中国的发展也是世界的机遇，在与各国的合作共赢中实现自身发展，这是中国的民族复兴与以往大国崛起争霸的最大区别所在。

党的十八大指出："要和平不要战争，要发展不要贫穷，要合作不要对抗，推动建设持久和平、共同繁荣的和谐世界。"在国际形势发生深刻复杂变化、中国与外部世界关系出现重大调整的背景下，坚持不懈推动建立以合作共赢为核心的新型国际关系，以实现推动建设持久和平、共同繁荣的世界梦，这种努力符合人类社会发展规律，符合时代要求，符合中国人民根本利益，符合世界人民共同愿望。

中国人民希望通过实现中国梦，同各国人民一道，携手共圆世界梦。世界梦和各国家、各民族的梦相并存，集体性梦想和个人梦想相并存。梦想各有精彩，但也存在交集，甚至相互交融或彼此冲突。世界上没有放之四海而皆准的发展模式，为了实现持久和平、共同繁荣的世界梦，世界各国应该尊重世界文明多样性和发展模式多样化，否定所谓的"文明冲突论"，积极维护文明多样性，推动不同文明对话交流，相互借鉴而不是相互排斥，让世界更加丰富多彩。

中国始终坚持和平发展合作共赢道路，主张各国和各国人民应该共享尊严。要坚持国家不分大小、强弱、贫富一律平等，秉持公道、伸张正义，反对以大欺小、以强凌弱、以富压贫，尊重各国人民自主选择发展道路的权利，反对干涉别国内政，维护国际公平正义，推动以主权平等为基本前提的国际关系民主化。

中国梦与世界梦的有机结合，提升了中国的对外影响力和亲和力，增强了中国在国际事务中的地位和话语权，体现了内政和外交的有机结合与高度统一。但是，和平发展不可能一帆风顺，还会不断遇到各种风险和挑战，需要不断排除和化解各种干扰与阻力。因此，要从战略高度分析和处理问题，提高驾驭全局、统筹谋划、操作实施能力，沿着和平发展合作共赢道路，将大国、周边国家、发展中国家、多边等工作密切结合，综合施策，推动与各方关系的全面发展，推动以合作共赢为核心的新型国际关系的建立。

本章小结

实现全面建成小康社会的目标需要两个基本条件：第一是和谐稳定的国内环境，第二是和平安宁的国际环境。从中国的实际出发，坚定不移地走和平发展道路是中国特色社会主义的必然选择，也是中国基于自身民族性、发展历程和发展目标所作出的必然选择。处于深刻变化中的国际形势和新的时代特征决定了，中国应当在办好自己的事情的基础之上，在坚定不移地维护自己的主权、安全利益的前提下，树立世界眼光，更好地把国内发展与对外开放统一起来，把中国发展与世界发展联系起来，把中国人民利益同各国人民共同利益结合起来，在国际关系中弘扬平等互信、包容互鉴、合作共赢的精神，更积极主动地扩大同各国的互利合作，以更加积极的姿态参与国际事务，与国际社会一道，共同应对全球性挑战，共同维护国际公平正义，推动建立以合作共赢为核心的新型国际关系。连接中国与世界其他国家的不仅是友谊和利益纽带，还有包括中国在内的世界各国的梦想。十几亿中国人民共同建设中国特色社会主义，只要中国全面建成了小康社会，就为世界人民特别是占世界人口 4/5 的发展中国家人民指出了一个重要的奋斗方向，有利于世界人民共同构建共同繁荣的大同世界。中国梦的实现，不仅造福中国人民，而且造福世界人民，为推动实现持久和平、共同繁荣的世界梦和全球发展作出贡献。

✎ 思 考 题

1. 为什么说中国梦是和平发展、合作共赢之梦？

2. 实现中国梦如何统筹好国内国际两个大局？

3. 怎样理解中国梦与世界的关系？

第 八 章

中国梦归根到底是人民的梦

实现中华民族伟大复兴的中国梦，是近代以来中国人民最伟大的梦想。中国梦的基本内涵是实现国家富强、民族振兴、人民幸福，核心内涵是中华民族伟大复兴。中国梦的这一内涵体现了鲜明的政治属性，彰显了丰富的时代特征，表达了最广大人民群众的热切期盼。领会中国梦的精神实质，就要把握好这一基本内涵，在建设强盛中国、文明中国、和谐中国、美丽中国、法治中国中实现伟大梦想。习近平指出，中国梦归根到底是人民的梦，必须紧紧依靠人民来实现，必须不断为人民造福。他强调，要让人民共同享有人生出彩的机会，共同享有梦想成真的机会，共同享有同祖国和时代一起成长与进步的机会。习近平的这些重要论述，深刻揭示了实现中国梦的根本目的和价值归宿，指明了实现中国梦的动力源泉和奋斗目标。

第一节　中国梦体现了人民的根本利益

中国梦提出以来，引发了海内外社会舆论的热议，已经成为当今中国的高昂旋律，成为中国走向未来的鲜明指引。中国梦之所以会引起如此大的反响，就在于它体现了人民的根本利益，是时代的召唤、历史的必然。

◇ 一、中国梦体现了国家利益与人民利益的统一

中国梦是国家情怀、民族情怀、人民情怀相统一的梦，体现了人民的根本利益。中国梦是国家的、民族的，也是每一个中国人的。中国梦的最大特点，就是把国家、民族和个人作为一个命运共同体，把国家利益、民族利益和每个人的具体利益紧紧联系在一起。国家好、民族好，大家才会好。只有国家富强、民族振兴，个体才可能会有自身发展空间，这是近代中国百年历史所证明的朴素道理。在实现民族复兴的征程中，唯有将个人之梦寄托于国家之梦、民族之梦，梦想才有成真的可能。

中国梦是由一个个鲜活生动的个体梦想汇聚而成。每一个人的奋斗努力，都是中国梦的组成部分。在推动国家和民族发展进步中，我们鼓励每个人都树立自己的梦想，并创造条件让人民共同享有人生出彩的机会，共同享有梦想成真的机会，共同享有同祖国和时代一起成长与进步的机会。我们每个人也都应当自觉把个人梦与国家梦联系起来，发扬中华民族"天下兴亡，匹夫有责"的报国意识和"先天下之忧而忧，后天下之乐而乐"的爱国情怀，爱岗敬业，勤奋工作，在本职岗位上创造自己幸福生活的同时，为实现中国梦加油助威、增砖添瓦。

延伸阅读

《出彩中国人》聚焦平凡、鼓励梦想

▲《出彩中国人》开播　　　　　（新华社记者　李琰/摄）

大型励志公益节目《出彩中国人》，作为 2014 年央视一套周末黄金档"开年大戏"正式开播。节目在全国范围招揽寻觅各行各业的劳动能手和行业标兵、群艺文化中的佼佼者、社区和企业文化中的优秀节目以及拥有才艺技艺或是特殊技能的人们，向世界展示中国的精彩，让具有杰出才华和技艺的中国人，都能在央视的大舞台上，展示自己非凡才艺和高超技能，实现圆梦的理想。来自全国各地、各行各业的人们在这个舞台上尽情挥洒他们的梦想，讲述他们追梦道路上经历的艰辛与幸福。节目关注普通劳动者的梦想与奋斗，反映国人积极的生活工作状态，收视率蝉联全国冠军，其"聚焦平凡人的精彩中国梦"这一精神内核，彰显了时代的主流文化导向。

中国梦是国家的富强梦，是民族的振兴梦，也是人民的幸福梦。中国梦勾勒出的美好图景，最终应该统一于人民的梦。实现中国梦，要着力满足人民群众的民生需求，要着力实现人民群众的成功愿望。广大人民期待能够共享人生出彩的机会、共享梦想成真的机会、共享与祖国和时代一起成长与进步的机会。国家梦只有回应了人民的期盼，实现好、维护好、发展好最广大人民的根本利益，不断满足人民日益增长的物质文化需要，老百姓才能真切地感受到个体梦存在的真实性、实现的可能性，才愿意为此而付出、努力和奋斗。

✧ 二、中国梦反映了人民的共同心愿

中国梦反映了全体中华儿女的共同心愿。中华民族是一个伟大的民族，创造了辉煌灿烂的中华文明。在工业革命发生前的几千年时间里，中国经济、科技、文化一直走在世界前列。但进入近代以后，中国的封建统治者夜郎自大、闭关锁国，导致中国落后于时代发展步伐，中国逐步沦为半殖民地半封建社会。外国列强入侵不断，中国社会动荡不已，人民生活极度贫困。这段被侵略、被奴役的历史使得每一个中国人、每一个炎黄子孙都更加懂得民族复兴的意义，倍加珍惜今天的生活。实现民族伟大复兴，体现了中华民族和中国人民的整体利益，深深扎根于中国人的心底，烙印在民族记忆的深处，成为全国各族人民的共同理想。可以说，中国梦顺应了全国各族人民创造美好未来的热切期盼，道出了中国人民的心声，道出了海内外中华儿女的渴望，最具凝聚力感召力，最具广泛性包容性，是最大公约数，成为激励中华儿女团结奋进、开辟未来的一面旗帜。

中国梦昭示了党和国家走向未来的宏伟图景。紧跟时代发展步伐、把握中国现实要求，提出鼓舞人心的行动纲领和奋斗目标，是我们党带领人民推进事业发展的鲜明特征。从推翻"三座大山"到建设新中国，从实现"四个现代化"到全面建成小康社会，每一次纲领目标的提出，都照亮了我们的奋斗前程，凝聚了人民的奋进力量。经过长期的历史探索和艰苦实践，我们党成功开创和发展了中国特色社会主义，中华民族正迎来伟大复兴的光明前景。中国梦与中华民族历史传统相承接，顺应了当今中国的发展大势，确立了党和国家事业发展新的历史坐标。历经磨难的中国人民的强国梦想正在建设中国特色社会主义的伟大实践中逐步变为现实。

中国梦为实现中华民族伟大复兴提供了强大精神动力。新中国成立特别是改革开放以来，我国各项事业蓬勃发展，人民生活得到了极大改善。现在，我国经济实力、综合国力大幅跃升，人民生活显著改善，逐步由发展中大国向现代化强国迈进，由低收入国家向中高收入国家迈进。可以说，我们已站上一个新的历史起点，进入一个新的历史时期，比以往任何时候都更加接近民族复兴的目标，实现民族复兴已是大势所趋。

◇ 三、中国梦凝聚了人民的共同智慧

中国梦的丰富内涵与奋斗目标，无不凝聚着中华儿女百年来的艰辛探索，蕴含着几代人的宝贵智慧。中国梦包含了全面建成小康社会的目标，也包含了建设社会主义现代化国家的目标，还包含了实现中华民族伟大复兴的目标。这实际上是一个新的"三

步走"战略。也就是,到中国共产党成立 100 年时全面建成小康社会是第一步,到新中国成立 100 年时建成富强民主文明和谐的社会主义现代化国家是第二步,在此基础上实现中华民族伟大复兴是第三步。中国梦的这一宏伟战略将中国的昨天、今天、明天联系起来,将国家、民族、人民联系起来,将中国、世界、人类联系起来,集中凝聚了人民的共同智慧,揭示了中华民族的前途命运和当代中国的发展走向,体现了当代中国共产党人天下为公、海纳百川的宽广胸襟。

实现中国梦的宏伟蓝图,必须紧紧依靠全体人民的力量,最广泛地动员全国各族人民。要适应经济全球化发展趋势和科技进步加快的国际环境,适应全面建成小康社会的新形势,在新的历史起点上全面深化改革,进一步解放思想、解放和发展生产力、解放和增强社会活力,营造公平竞争、共谋发展的法治环境、政策环境和市场环境,为经济发展和社会全面进步注入强大动力。在实现中国梦的关键阶段,最大限度地吸纳人民群众参与全面建成小康社会的伟大进程,最大限度地动员、激发每个中国人的进取心和创造力,就可以为中国特色社会主义发展提供无穷的民意支撑与动力,托举起伟大的中国梦。

当今时代是放飞梦想的时代,每个人都有自己的美好梦想,亿万人民对国家和民族的憧憬、对自己未来的憧憬,汇聚起来就是中国梦。中国这个大国就像是在大海中航行的一艘超级巨轮,我们每个人都是这艘巨轮"梦之队"的一员,都是中国梦的参与者、书写者,都应当同舟共济、齐心协力,推动这艘巨轮乘风破浪、奋力前行。全国 13 亿人,只要大家心往一块想、劲往一处使,中国梦就一定能够不断迸发出强大的"正能量"。

第二节　中国梦是共同富裕的梦

中国梦不是抽象的、孤立的，而是具体的、实实在在的，与老百姓生活息息相关。从国家的层面来讲，中国梦是一个美好愿景，主要体现在国家富强与民族振兴；而对于每个具体的中国人来说，中国梦就是生活富裕、人民幸福。党的十八大指出，共同富裕是中国特色社会主义的根本原则。全面深化改革，促进社会公平正义、增进人民福祉，着力解决收入分配差距过大问题，朝着共同富裕方向稳步前进，这是中国特色社会主义最本质的规定。

◇　一、共同富裕是中国特色社会主义的本质要求

努力实现全体劳动人民的共同富裕，使劳动者过上幸福、美好的生活，这是社会主义区别于以往一切社会制度的本质所在。中国梦集中体现了全国各族人民追求富裕生活的美好理想，彰显了社会主义的核心价值取向。马克思在 1857—1858 年经济学手稿中指出：在未来的社会主义制度中，"社会生产力的发展将如此迅速……生产将以所有的人富裕为目的"[①]。列宁指出："只有社会主义才可能广泛推行和真正支配根据科学原则进行的产品的社会生产和分配，以便使所有劳动者过最美好的、最幸福的生活。只有社会主义才能实现这一点。"[②] 毛泽东在 1955 年就说过："我们的目标是要使我国比现在大为发展，大为富、大为强。现在，我国又不富，也不强，还

---

① 《马克思恩格斯文集》第 8 卷，人民出版社 2009 年版，第 200 页。
② 《列宁选集》第 3 卷，人民出版社 1995 年版，第 546 页。

是一个很穷的国家。……但是，现在我们实行这么一种制度，这么一种计划，是可以一年一年走向更富更强的，一年一年可以看到更富更强些。而这个富，是共同的富，这个强，是共同的强……这种共同富裕，是有把握的，不是什么今天不晓得明天的事。"①这段话清晰地表达了毛泽东心目中建设共同富裕的社会主义强国的伟大梦想。

中国特色社会主义强调以经济建设为中心，通过快速发展生产力，保障和改善民生，走共同富裕道路，体现了马克思主义理论的本质要求。改革开放以来，邓小平总结新中国成立后社会主义建设中正反两方面的经验与教训，一再提出"什么是社会主义，怎样建设社会主义"这一课题。他在 1985 年就多次强调："社会主义与资本主义不同的特点就是共同富裕，不搞两极分化。"②"社会主义的目的就是要全国人民共同富裕，不是两极分化。如果我们的政策导致两极分化，我们就失败了；如果产生了什么新的资产阶级，那我们就真是走了邪路了。我们提倡一部分地区先富裕起来，是为了激励和带动其他地区也富裕起来，……提倡人民中有一部分人先富裕起来，也是同样的道理。"③他在 1990 年谈道："社会主义最大的优越性就是共同富裕，这是体现社会主义本质的一个东西。"④在 1992 年视察南方重要谈话中，邓小平又明确指出："社会主义的本质，是解放生产力，发展生产力，消灭剥削，消除两极分化，最终达到共同富裕。"⑤

---

① 《毛泽东文集》第六卷，人民出版社 1999 年版，第 495—496 页。
② 《邓小平文选》第三卷，人民出版社 1993 年版，第 123 页。
③ 《邓小平文选》第三卷，人民出版社 1993 年版，第 110—111 页。
④ 《邓小平文选》第三卷，人民出版社 1993 年版，第 364 页。
⑤ 《邓小平文选》第三卷，人民出版社 1993 年版，第 373 页。

党的十八大精神，说一千道一万，归结为一点，就是坚持和发展中国特色社会主义。站在新的历史起点上，习近平指出，我们要努力解决群众的生活生产困难，坚定不移走共同富裕的道路；我们要随时随刻倾听人民呼声、回应人民期待，保证人民平等参与、平等发展权利，维护社会公平正义，在改善民生上持续取得新进展，使发展成果更多更公平惠及全体人民，朝着共同富裕方向稳步前进。这既体现了中国特色社会主义的本质规定，又根据新的条件赋予其鲜明的时代内涵。对此，党的十八届三中全会提出，要紧紧围绕更好保障和改善民生、促进社会公平正义深化社会体制改革，改革收入分配制度，促进共同富裕，推进社会领域制度创新，推进基本公共服务均等化，加快形成科学有效的社会治理体制，确保社会既充满活力又和谐有序。

✧　二、共同富裕彰显了鲜明的时代特征

衡量一个社会的现代文明程度，不仅要看经济发展，还要看发展成果是否惠及全体人民，人民各方面权益是否得到切实保障。当前，发展的不均衡问题日益凸显，社会不平等已经成为一个世界性的难题。法国经济学家托马斯·皮凯蒂在其新著《21世纪资本论》中指出，在过去的两个世纪里，发达资本主义国家的贫富差距都经历了相似的U型曲线变化。以美国为例，就收入分配而言，1910年美国最富有的10%的人口占有全美40%的收入，这一比例于1929年经济危机前迅速攀升至50%，经济危机后有所下降但仍然高于40%。第二次世界大战后这一比例降至最低点30%，随后在30%—35%之间徘徊。该比例从1980年开始一路飙升并不断刷新

纪录，2007 年超越了 1928 年的历史高点（50%），2012 年最富有的 10% 的人口占有全美 55% 的收入。如果算上资本回报，不平等的情况更加严重。1910 年美国最富有的 10% 的人口占有全美 80% 的财富，最富有的 1% 的人口占有全美 35% 的财富。这一状况第二次世界大战后有所下降，1970 年开始回升，2010 年美国最富有的 10% 的人口占有全美 75% 的财富。即便只按照工资收入差距来衡量不平等，美国现在也是全世界上收入最不平等的国家。欧洲的变化与美国类似，不过直到 20 世纪中期欧洲财富不平等的状况仍比美国严重，之后美国便超过欧洲。皮凯蒂认为，贫富差距扩大的趋势内在于资本主义。如果不加干涉，21 世纪发达资本主义国家将倒退回 19 世纪的"世袭资本主义"时代。

延伸阅读

《21 世纪资本论》引发热评

2014 年 3 月，哈佛大学出版社出版了法国经济学家托马斯·皮凯蒂（Thomas Piketty）的英文版新作《21 世纪资本论》（*Capital in the Twenty-First Century*）。该书全景式地展现了 19 世纪到 21 世纪初全世界的收入不平等状况，并预测了 21 世纪收入不平等加剧的趋势。这部经济学长篇著作销售量惊人，出版三周后便稳居亚马逊以及《纽约时报》畅销书排行榜榜首。该书引发了美国媒体和经济学家的热评，而美国右翼学者则猛烈抨击该书，华尔街甚至呼吁对此书禁印。

在此背景之下，中国特色社会主义的中国梦所体现出的公平正义、共同富裕的价值取向愈加彰显了自身更加鲜明的时代特征，显示出愈加深远的世界意义。共同富裕的中国梦，是照亮中国特色社会主义前行道路的一盏明灯。只有走共同富裕之路，让人民群众从发展中得到更多实惠，中国梦才不会成为一句空话，梦想的实现才能具有强大根基。诺贝尔经济学奖获得者约瑟夫·斯蒂格利茨认为，如果社会更平等，经济就会更强劲。在人类有记录的历史上，没有哪个国家像中国过去 30 年那样实现如此快速的增长，以及让如此多的人口脱离贫困。中国应遵循的"成功经济学"是显而易见的：提高税收，用来增加城镇化、医疗、教育的开支，可以同时刺激增长、改善环境和降低贫富差距。如果中国的政治家能够实施这一议程，中国和全世界都将受益。

从"贫穷不是社会主义"到"共同富裕"，从"发展是硬道理"到"全面建成小康社会"，几十年来，党和政府始终不渝地发展经济，改善民生，朝着共同富裕的目标迈进。改革开放以来，我国社会生产力、社会事业有了很大发展，城乡居民生活水平有了很大提高。但与经济快速发展相比，社会建设仍然滞后，涉及群众切身利益的教育、就业、社保、医疗、住房、生态环境、食品药品安全、安全生产、社会治安、执法司法等方面，都存在许多亟待解决的问题。由于市场竞争所带来的资源重新分配和收入不均等，我国当前仍然面临着收入分配差距较大等问题。能否在经济发展的基础上让全体人民共享改革发展成果，决定着改革开放和中国特色社会主义事业的兴衰成败，已经成为发展中国特色社会主义必须认真解决好的重大现实课题。为此，《中共中央关于全面深化改革若干重大问题的决定》提出："必须加快社会事业改革，解决好人民最关心最直接最现实的利益问题，努力为社会提供多样化服务，更好满足人民需求。"这一要求充分体现了以人为本，全面、协调、可持续的科学发展观，充分体现了发展为了人民、发展依靠人民、发展成果由人民共享。

✧ 三、正确把握共同富裕的实现途径

解放生产力，发展生产力，走共同富裕道路，是改革开放和社会主义现代化建设的重大任务。其中，走共同富裕道路具有最根本的意义。解放和发展生产力，消灭剥削和消除两极分化，最终服从于共同富裕这一根本目的，为其提供物质条件和社会条件。为此，在解决问题的方向与具体政策的制定上，都必须紧紧围绕如何破解这一难题展开。

走共同富裕道路，首先要大力解放和发展生产力。共同富裕的基础在解放和发展生产力，前景也在解放和发展生产力。解决收入分配差距过大问题的根本出路同样在解放和发展生产力。社会主义制度优于资本主义制度，说到底是要创造远远高于资本主义的生产力，创造丰富的物质财富和精神财富。贫穷无法最终战胜资本主义，也不是合格的社会主义。就我国来说，走共同富裕的道路，就需要采取一系列的保障和改善民生的措施，在不断做大蛋糕、提供强大物质基础的同时，重视分好蛋糕，将发展的成果惠及广大人民。

走共同富裕道路，就要坚持和完善基本经济制度。党的十八届三中全会指出，公有制为主体、多种所有制经济共同发展的基本经济制度，是中国特色社会主义制度的重要支柱，也是社会主义市场

经济体制的根基。公有制经济和非公有制经济都是社会主义市场经济的重要组成部分，都是我国经济社会发展的重要基础。这是我们党总结改革开放三十多年特别是近二十年来发展社会主义市场经济经验作出的重要论述，是对我国基本经济制度认识的深化。《中共中央关于全面深化改革若干重大问题的决定》还从积极发展混合所有制经济、推动国有企业完善现代企业制度、支持非公有制经济健康发展等方面，对完善基本经济制度作出了全面部署。为此，必须毫不动摇巩固和发展公有制经济，坚持公有制主体地位，发挥国有经济主导作用，不断增强国有经济活力、控制力、影响力。必须毫不动摇鼓励、支持、引导非公有制经济发展，激发非公有制经济活力和创造力。既保护一切合法的劳动收入，又保护各种要素按贡献分配的非劳动收入，放手让一切劳动、知识、技术、管理和资本的活力竞相迸发，让一切创造社会财富的源泉充分涌流，使所有市场主体和各方面力量共同致力于发展生产力，合力推动经济持续健康发展，为共同富裕奠定雄厚的物质基础。

走共同富裕道路，就要合理调整收入分配关系。合理的收入分配制度是社会公平的重要体现。正确处理效率与公平的关系，初次分配和再分配都要兼顾效率和公平，再分配更加注重公平，形成合理有序的收入分配格局。要着重保护劳动所得，努力实现劳动报酬增长和劳动生产率提高同步，提高劳动报酬在初次分配中的比重。要完善以税收、社会保障、转移支付为主要手段的再分配调节机制，加大税收调节力度。规范收入分配秩序，完善收入分配调控体制机制和政策体系，建立个人收入和财产信息系统，保护合法收入，调节过高收入，清理规范隐性收入，取缔非法收入，增加低收入者收入，扩大中等收入者比重，努力缩小城乡、区域、行业收入分配差距，逐步形成橄榄型分配格局。

追求共同发展，和谐发展，逐步实现人民共同富裕，使广大中低收入群体真切感受到社会主义制度的优势和温暖，是顺利实现中国梦和人民幸福的重要保障。

第三节　真抓实干才能梦想成真

空谈误国，实干兴邦。实现中国梦，是一项光荣而艰巨的事业，最终要靠全体人民真抓实干、辛勤劳动。习近平指出，真抓才能攻坚克难，实干才能梦想成真。要坚持崇尚劳动、造福劳动者，树立正确政绩观，在全社会大力弘扬真抓实干、埋头苦干的良好风尚。

◇　一、坚持崇尚劳动、造福劳动者

劳动是推动人类社会进步的根本力量，是一切成功的必经之路。人世间的美好梦想，只有通过诚实劳动才能实现；发展中的各种难题，只有通过诚实劳动才能破解；生命里的一切辉煌，只有通过诚实劳动才能铸就。实现我们的奋斗目标，归根到底要靠辛勤劳动、诚实劳动、科学劳动。习近平指出，必须坚持崇尚劳动、造福劳动者。"一勤天下无难事。"要实现国家富强、民族振兴、人民幸福，必须牢固树立劳动最光荣、劳动最崇高、劳动最伟大、劳动最美丽的观念，在全社会大力弘扬劳动光荣、知识崇高、人才宝贵、创造伟大的时代新风，以辛勤劳动为荣，以好逸恶劳为耻，促使全

体社会成员弘扬劳动精神，推动全社会热爱劳动、投身劳动、爱岗敬业，为改革开放和社会主义现代化建设贡献智慧和力量。只有这样，才能为实现中国梦找到最持久的动力。

崇尚劳动、造福劳动者，要求我们全面贯彻尊重劳动、尊重知识、尊重人才、尊重创造的重大方针，维护和发展劳动者的利益，保障劳动者的权利，充分调动广大人民的积极性、主动性、创造性。倡导"四个尊重"是对马克思主义劳动和劳动价值理论的重要发展，是实现中华民族伟大复兴的一个关系全局的重大问题，必须充分认识其重大理论意义和实践意义。"四个尊重"的核心是尊重劳动，尊重劳动必然要尊重知识、尊重人才、尊重创造。在构建社会主义和谐社会的进程中，要发挥劳动、资本、知识、技术、管理等生产要素的积极作用，倡导各种新型劳动组合和劳动关系，从而使全社会和各民族的各种劳动形态、各类劳动者、各种资本所有者的积极性创造性都得到广泛而充分的发挥。

实现中国梦，创造全体人民更加美好的生活，任重而道远，需要坚忍不拔的精神，需要众志成城的力量，需要我们每一个人的辛勤劳动和艰苦努力。广大党员、干部要带头弘扬劳动精神，增强同劳动人民的感情，带头在各自岗位上勤奋工作、踏实劳动。要通过制度和体制机制约束，努力营造鼓励人们干事业、支持人们干成事业的社会氛围，以造福于人民。

✧ 二、树立正确的政绩观

"政贵有恒。"对于执政者来说，真抓实干就意味着要树立正确的政绩观，既要大胆开展工作、锐意进取，又要保持大局稳定和工作连续性，不折腾、不反复，切实干出实效来。政绩就是为政之绩，即为政的成绩、功绩、实绩。政绩观，是干部对如何履行职责、追求何种政绩的根本认识和态度，对于干部从政、施政具有十分重要的导向作用。秉持什么样的政绩观，是衡量领导干部能否正确对待群众、正确对待组织、正确对待自己的试金石，也是领导干部党性修养的重要体现。

胡锦涛曾指出："树立正确的政绩观，说到底就是要忠实实践党的宗旨，真正做到权为民所用、情为民所系、利为民所谋。"任何一个政党都有自己的方向目标和价值追求，为谁立命、为谁谋利始终是一个根本性、方向性的问题。全心全意为人民服务是我们党的根本宗旨，也是树立正确政绩观的本质和灵魂。在中国梦的丰富内涵中，"人民"始终处于核心位置。人民对美好生活的期待，就是我们的奋斗目标。党员干部树立正确的政绩观，必须顺应人民期待，把努力实现好、维护好、发展好最广大人民的根本利益作为根本出发点。我们的工作如果做到了上有利于国家，下有利于人民；既符合国家和人民眼前利益的要求，又符合国家和人民长远利益的要求；既能促进经济社会发展，又能促进国家富强和人民幸福，那就作出了党和人民所需要的真正的政绩。

①_ 案 例 _

"功成不必在我任期"

山西省右玉县地处毛乌素沙漠的天然风口地带，原来是一片风沙成患、山川贫瘠的不毛之地。新中国成立之初，

▲ 山西右玉："不毛之地"华丽转身"塞上绿洲"
（新华社记者　鲁彦／摄）

第一任县委书记带领全县人民开始治沙造林。六十多年来，一张蓝图、一个目标，历任县委书记和县委、县政府一班人，一任接着一任、一届接着一届，率领全县干部群众坚持不懈，用心血和汗水绿化了沙丘和荒山，现在树木成荫、生态良好，年降雨量较之新中国成立初期已显著增加。老百姓记着他们、感激他们，自发地为他们立碑纪念。"金杯银杯不如老百姓的口碑。"右玉的可贵之处，就在于始终发扬自力更生、艰苦创业、功在长远的实干精神，在于始终坚持为人民谋利益的政绩观。

树立正确政绩观，必须坚持一切从实际出发，实事求是，一张蓝图抓到底。一些领导干部落实工作抓得不好，很重要的是政绩观出了问题，个人主义思想在作祟。各级领导干部要把工作的出发点放到为党尽责、为民造福上，而不是树立自身形象、为自己升迁铺路；要把工作的落脚点放到办实事、求实效上，而不是追求表面政绩，搞华而不实、劳民伤财的"形象工程"；要把工作的重点放到立足现实、着眼长远、打好基础上，而不是盲目攀比、竭泽而渔。要有"功成不必在我"的理念和境界，从制度上防止急功近利和短期行为，不贪一时之功、不图一时之名，多干打基础、利长远的事。实际上，就是要处理好大我和小我的关系，长远利益、根本利益和个人抱负、个人利益的关系。想要干事、想出政绩是对的，但不能为了出政绩都要自己另搞一套，换一届领导就兜底翻，三天打鱼两天晒网，那就什么事情也干不成。

◇ 三、在全社会大力弘扬真抓实干、埋头苦干的良好风尚

反对空谈、强调实干、注重落实，是我们党的一个优良传统。习近平指出，面向未来，全面建成小康社会要靠实干，基本实现现代化要靠实干，实现中华民族伟大复兴要靠实干。领会中国梦的精神实质，要把握好顽强奋斗、艰苦奋斗、不懈奋斗的根本要求，在全社会大力弘扬真抓实干、埋头苦干的良好风尚，在求真务实、真抓实干中实现伟大梦想。

真抓实干、埋头苦干，就要狠抓落实。抓落实是领导工作中一个极为重要的环节，是党的思想路线和群众路线的根本要求。抓落实，从各级党委、政府和领导干部工作方面讲，就是抓党和国家各项方针政策、工作部署和措施要求的落实。落实到哪里去？就是落实到实践中去，落实到基层中去，落实到群众中去，以确保党和国家确定的目标任务顺利实现。我们党之所以有今天的巨大成就和在全国各族人民中的崇高威望，靠的是把马克思主义基本原理同中国具体实际结合起来形成的正确的理论和路线方针政策，靠的是共产

党人团结带领人民群众一步一个脚印把党的路线方针政策变成认识世界、改造世界的巨大精神力量和物质力量。当前的一项主要任务，就是要把全面完成党的十八届三中全会确定的各项改革任务要求落到实处，真抓实干，蹄疾步稳，务求实效。

真抓实干、埋头苦干，必须防止和克服形式主义，把重心放在基层。现在有些领导干部存在着比较严重的形式主义，必须引起高度重视。这些形式主义的东西有一个共同特征，就是重形式轻内容，重口号轻行动，重数量轻质量，重眼前轻长远。搞形式主义，势必造成人力、物力、财力和时间的浪费，助长弄虚作假、投机取巧的心理和好大喜功的浮夸作风，严重损害党和政府的威信。克服形式主义，关键是工作重心一定要放在基层一线。基层是一切工作的落脚点。我们的各项政策措施落实了没有，落实得好不好，基层群众最有实际感受。落实得好、落实得快，群众就拥护；落实得不好、落实得慢，群众就会有反映。领导干部要坚持眼睛向下看、身子往下沉，深入基层、深入群众开展调查研究，及时了解在上面难以听到、不易看到和意想不到的新情况新问题，掌握第一手资料，问计于民，不断推进和深化各项工作的落实。

真抓实干、埋头苦干，必须具有知难而进、锲而不舍的奋斗精神。抓落实的过程中必然会遇到许多矛盾和问题，只有努力解决好各种矛盾和问题，才能把落实工作真正抓好、抓出成效。因此，我们在各项工作中要敢于正视矛盾和问题，同群众一道千方百计地去求得矛盾和问题的及时正确解决。这是各级领导干部在其全部工作中应该具有的根本态度。真抓实干，狠抓落实，贵在持之以恒，一定要防止虎头蛇尾。目标确定了，任务明确了，就要咬定青山不放松，不达目的不罢休。抓落实能不能知难而进、锲而不舍，对领导干部的原则立场是一个现实的考验。坚持党的原则，怀着诚心诚意为人民谋利益的公心办事，这两条对抓好落实工作十分重要。领导干部要多到矛盾突出的基层去，多到困难较多的一线去，多到难点焦点问题聚集的地方去，在克服困难、化解矛盾、解决问题中抓落实、促发展、出实绩。

真抓实干、埋头苦干，是我们党执政能力的重要展现，也是对各级领导干部工作能力的重要检验。当前，中央和地方相继出台了一系列全面深化改革的好思路、好政策、好措施，这些政策措施落实的关键在于真抓实干、埋头苦干。我们必须以强烈的历史使命感，攻坚克难，乘势而上，抓住和用好机遇，赢得未来发展的主动权；必须顽强奋斗、艰苦奋斗、不懈奋斗，最大限度集中全党全社会智慧，最大限度调动一切积极因素；必须敢于啃硬骨头，敢于涉险滩，以更大决心冲破思想观念的束缚、突破利益固化的藩篱，不断推动中国特色社会主义制度自我完善和发展。

▌本章小结▐ ⋯⋯⋯⋯⋯

中国梦的基本内涵是实现国家富强、民族振兴、人民幸福，核心内涵是中华民族伟大复兴。中国梦的这一内涵体现了鲜明的政治属性，彰显了丰富的时代特征，表达了最广大人民群众的热切期盼。中国梦体现了人民的根本利益。中国梦体现了国家利益与人民利益的统一，表达了人民的共同心愿，凝聚了人民的共同智慧。中国梦是人民共同富裕的梦。实现共同富裕是中国特色社会主义最本质的规定。在当前全球性的不平等问题日益严重的背景下，中国梦的价值取向彰显了更加鲜明的时代特征，显示出愈加深远的世界意义。空谈误国，实干兴邦。实现中国梦，最终要靠全体人民真抓实干、辛勤劳动。要坚持崇尚劳动、造福劳动者，树立正确政绩观，在全社会大力弘扬真抓实干、埋头苦干的良好风尚。

思考题

1. 如何理解中国梦是国家情怀、民族情怀、人民情怀相统一的梦？

2. 为什么说实现共同富裕是中国特色社会主义最本质的规定？

3. 领导干部如何树立正确的政绩观？

后 记

　　党的十八大报告提出全面建成小康社会的新要求，强调了"两个一百年"的奋斗目标。党的十八大以来，习近平总书记发表了一系列重要讲话，讲话站在新的历史起点上，提出并深刻阐述了实现中华民族伟大复兴的中国梦，阐明了实现中国梦，就是要实现国家富强、民族振兴、人民幸福，中国梦归根到底是人民的梦；强调了实现中国梦，必须走中国道路、弘扬中国精神、凝聚中国力量。为帮助广大干部全面掌握和深刻理解党中央关于全面建成小康社会、实现中国梦的战略构想、方针政策和基本要求，中央组织部组织编写了本书。

　　本书由中国社会科学院牵头，中央党校、新华社、北京大学共同编写，全国干部培训教材编审指导委员会审定。赵胜轩任本书主编，李培林、张冠梓任副主编。本书调研、写作和修改工作主要人员有：王业强、王素琴、申富强、冯维江、冯颜利、阮林、辛向阳、宋月红、陆梦龙、陈建波、陈志刚、陈学强、周少来、胡楠阳、高波、崔唯航、景向辉、樊鹏、魏南枝。参加本书审读的人员有：李君如、胡鞍钢、丁元竹。在编写出版过程中，中央组织部干部教育局负责组织协调工作，人民出版社、党建读物出版社等单位给予了大力支持。在此，谨对所有给予本书帮助支持的单位和同志表示衷心感谢。

　　由于水平有限，书中难免有疏漏和错误之处，敬请广大读者对本书提出宝贵意见。

编　者

2015 年 1 月

《全面建成小康社会与中国梦》

主　编：赵胜轩

副主编：李培林　　张冠梓

责任编辑：李春林　钟金铃　茅友生

封面设计：石笑梦

版式设计：周方亚

责任校对：吴海平　高　敏　方雅丽

图书在版编目（CIP）数据

全面建成小康社会与中国梦／全国干部培训教材编审指导委员会组织编写.
　-- 北京：人民出版社：党建读物出版社，2015.2（2015.5 重印）

全国干部学习培训教材

ISBN 978 - 7 - 01 - 014025 - 4

I. ①全…　II. ①全…　III. ①小康建设 - 中国 - 干部教育 - 教材

　IV. ① F124.7

中国版本图书馆 CIP 数据核字（2014）第 227389 号

全面建成小康社会与中国梦

QUANMIAN JIANCHENG XIAOKANG SHEHUI YU ZHONGGUO MENG

全国干部培训教材编审指导委员会组织编写

主　编：赵胜轩

人民出版社 党建读物出版社 出版发行

北京盛通印刷股份有限公司印刷　新华书店经销

2015 年 2 月第 1 版　2015 年 5 月第 7 次印刷

开本：710 毫米 × 1000 毫米　1/16　印张：16.75

字数：195 千字　印数：1,000,001 - 1,050,000 册

ISBN 978 - 7 - 01 - 014025 - 4　定价：40.00 元

邮购地址 100706　北京市东城区隆福寺街 99 号

人民东方图书销售中心　电话（010）65250042　65289539

本书如有印装错误，可随时更换　电话：（010）58587660